# SCHWARZWALD

# SCHWARZWALD

Andreas Färber
Stefan Krauss

ANSICHTEN UND EINBLICKE
VIEWS AND INSIGHTS
COUPS D'ŒIL ET POINTS DE VUE

DRW

# Der Schwarzwald im Relief

# INHALT

# VON SCHNEESCHUHEN, TÜFTLERN UND KELTISCHEN KALENDERN

Geschichten aus dem Schwarzwald

Von Christopher Paul

Haben Sie schon einmal jemanden im Telemark-Stil skifahren gesehen? Wahrscheinlich würden Sie verwundert feststellen, dass der oder diejenige so ziemlich alles falsch macht, was Ihnen Ihr Skilehrer damals beigebracht hat, als Sie das erste Mal versuchten, auf zwei Brettern einen verschneiten Hügel hinabzufahren: Die Haltung ist aufrecht, in den Kurven wird ein Bein vor, das andere zurückgestreckt, und der große Stock, den man in den Händen hält, dient dem Bremsen und dem Lenken. Gegen Ende des 19. Jahrhunderts, als sich im Schwarzwald die ersten Menschen auf die, damals noch »Schneeschuhe« genannten, Skier stellten, war Telemark der gängige Stil, in dem die Skipioniere die verschneiten Hänge von Feldberg oder Schauinsland hinabfuhren.

In Norwegen erfunden, sind Skier bis zum Ende des 19. Jahrhunderts in Deutschland weitgehend unbekannt. Hier benutzt man im Winter Schlitten oder Schneereifen, die man sich unter die Füße bindet, um sich fortzubewegen. Doch 1888 stößt der in Todtnau lebende Landarzt Dr. Tholus auf ein Zeitungsinserat, in dem für »Norwegische Schneeschuhe« geworben wird. Tholus hofft, mit solchen Brettern winters schneller zu seinen Patienten zu gelangen und bestellt sich ein Paar. Doch der anfängliche Elan hält nicht lange. Nach mehreren Stürzen landen die Skier auf dem Dachboden seines Hauses. Drei Jahre rührt er sie nicht mehr an.

Im Januar 1891 wird Tholus in einem Todtnauer Gasthof Zeuge einer Unterhaltung zwischen dem Prokuristen Fritz Breuer und dem Fabrikanten Carl Thoma. Beide haben Fridtjof Nansens Buch »Auf Schneeschuhen durch Grönland« gelesen. Wie sehen solche Schneeschuhe eigentlich aus? fragen sich Breuer und Thoma. Dr. Tholus greift in die Unterhaltung ein und erzählt von den Skiern auf seinem Dachboden. Breuer und Thoma brennen darauf, sie auszuprobieren.

Als sie sich am Fastnachtsmontag zum ersten Mal die Skier unter die Füße binden, ernten sie jede Menge Lacher. Ein Fastnachtsscherz, denkt man in Todtnau. Doch zur selben Zeit kämpft sich auf der anderen Seite des Feldbergs ein französischer Konsul mit seinen Schneeschuhen erfolgreich die Bergflanken hinauf. Oben auf dem Feldberger Hof staunt man nicht schlecht über des

Konsuls Leistung. Der Pionier heißt Dr. Pilet. Das Skifahren hat er auf Island gelernt. Auf einer seiner Fahrten stößt Pilet auf Breuer und Thoma. Endlich haben die beiden Todtnauer einen Skilehrer.

Noch im selben Jahr gründen Breuer und Thoma den Skiclub Todtnau. Es ist nicht nur der erste Skiclub des Schwarzwaldes, sondern sogar der erste Deutschlands. Noch bevor sich die Alpen als europäisches Skigebiet etablieren, werden Skiläufer im Schwarzwald zu einem fast alltäglichen Anblick.

Der Schwarzwald: Warum heißt er eigentlich so? Liegt es an seinem dichten Bestand von Nadelbäumen, die ihn zu jeder Jahreszeit so finster erscheinen lassen? Oder sind es die steilen, dunklen Täler mit so düsteren Namen wie Hexenloch und Höllental, die dem Gebirge seinen Namen eingebracht haben?

Zur Zeit der Römer war der Schwarzwald gar nicht so schwarz wie heute. Zwar war er ein dichter und nur schwer zu durchdringender Urwald aus Buchen und Tannen, doch den heute dominierenden Fichtenbestand gab es damals weitgehend nicht. Den Römern, die in Italien bereits ihre Wälder gerodet hatten, war sein Anblick jedoch finster genug. Und dass er, von Räubern abgesehen, noch gänzlich unbewohnt war, machte ihn auch nicht gerade einladender.

Zu Beginn des 19. Jahrhunderts war der Schwarzwald durch großflächige Rodungen stark gelichtet. Seitdem im Mittelalter die ersten Siedler im Gefolge der Klöster ihre Höfe errichteten, rückte man dem Wald rücksichtslos mit dem Beil zu Leibe.

Die wertvollsten Stämme wanderten über Bäche, Wasserrutschen und Flüsse ins Tal, wurden dort zu mächtigen, oft über hundert Meter langen Flößen zusammengebunden und landeten schließlich im Rhein, auf dem sie flussabwärts bis nach Holland verschifft wurden. Dort waren die Schwarzwälder »Holländerstämme« auf den Werften ein begehrtes Bauholz.

Doch die meisten Bäume endeten nicht als Planken und Masten stolzer Indiensegler, sondern auf den Meilern der Köhler. Die Verhüttung der Erze aus den Minen des Schwarzwaldes und die zahlreichen Glasbläsereien, die sich hier wegen des guten Quarzsandes angesiedelt hatten, erforderten ungeheure Massen von Holzkohle. So war der Beruf des Köhlers über Jahrhunderte einer der wichtigsten Erwerbszweige an den zunehmend baumlosen Hängen des ehemals finsteren Waldes.

Als Anfang des 19. Jahrhunderts der Waldbestand vielerorts erheblich geschädigt war, setzte eine planmäßige Wiederaufforstung ein. Schnell sollte es gehen. Neue Bäume wurden gebraucht. Deshalb fiel die Wahl auf Fichten. Doch die Wiederaufforstung des 19. Jahrhunderts war nichts gegen die, die nach dem Ersten Weltkrieg einsetzte, als große Teile der Wälder erneut abgeholzt worden waren – diesmal als Reparationsleistung für die siegreichen Franzosen. Erst jetzt, in den 20er Jahren des 20. Jahrhunderts, erhielt der Wald sein für uns heute typisches Aussehen.

Grindenschwarzwald

Brandenkopf

Dunkle, im Wind wogende Fichten, durch die vereinzelt Sonnenstrahlen dringen und auf dem Waldboden tanzende Lichtkleckse malen, steile Hänge, an die sich die alten Höfe schmiegen, deren mächtige, tief nach unten gezogenen Dächer an riesige Schildkröten erinnern, Menschen, die in ulkig anmutenden Trachten folkloristisches Flair verbreiten: Kaum ein Medium hat das Bild des Schwarzwaldes stärker geprägt, als der Film der Nachkriegszeit. 1950 kam der Farbfilm »Das Schwarzwaldmädel« von Hans Deppe ins Kino und löste in der jungen Republik einen gewaltigen Schwarzwaldboom aus. Jeder wollte in die Gegend von St. Peter reisen, in der der Film spielte. Filmproduzenten erkannten das Potential der Region und drehten weitere, im Schwarzwald spielende Heimatfilme. 1965 startete die Fernsehserie »Forellenhof«. Doch den größten Erfolg feierte 20 Jahre später »Die Schwarzwaldklinik«. 550 Millionen Menschen aus 38 Ländern sahen die Fernsehserie um Klausjürgen Wussow alias Professor Brinkmann.

Der aufkommende Tourismus prägte wie kaum eine andere Entwicklung die jüngste Geschichte des Schwarzwaldes. Um die Mitte des 19. Jahrhunderts entdeckten wohlhabende Städter das Mittelgebirge als Domizil für die Sommermonate. »Wir fahren in die Sommerfrische.« Das bedeutete häufig, dass man von Juni bis September der Großstadthektik entfloh und sich auf einem Höhengasthof einquartierte. Dort nannte man die Fremden spöttisch »Luftschnapper«. Sonderbare Menschen: Wanderten scheinbar ziellos durch die Landschaft oder vertrieben sich die Zeit mit so nutzlosen Beschäftigungen wie Lesen oder Gesprächen auf den Veranden.

Aber den Bewohnern des Schwarzwaldes kamen sie gelegen. Denn wirtschaftlich ging es mit der Region bergab. Die meisten Wälder waren gerodet und die neu gepflanzten Bäume noch lange nicht groß genug, um geschlagen zu werden. Und das Leben eines Bergbauern war im Schwarzwald noch nie ein Zuckerschlecken: Die steilen Berghänge waren schlecht zu bewirtschaften, die Sommer zu kurz, die Winter zu lang. Ein weiteres Problem waren die beschwerlichen und weiten Wege zu den Absatzmärkten im Rheintal. Viele Bauern gaben ihre Höfe auf und zogen fort.

Für uns ist heute kaum noch vorstellbar, wie entbehrungsreich das Leben auf den Bergbauernhöfen war. Eine Ahnung bekommt man beim Besuch des »Vogtsbauernhofes«, des ältesten Freilichtmuseums in Baden-Württemberg. Aber Achtung! Lassen Sie sich nicht von kuscheligen Kachelöfen, gemütlichen Herrgottswinkeln, Bollenhüten und dem köstlichen Geruch geräucherten Schinkens täuschen. Beheizt wurde meist nur ein Raum, Schuhe waren ein Luxus, und schon die Kinder mussten täglich harte Arbeit verrichten. Für Spiele gab es kaum Zeit.

Als die ersten »Luftschnapper« in den Schwarzwald kamen, witterten viele Bewohner der Höfe ihre Chance: Zimmer mussten vermietet, Fremdenzimmer und Schankräume eingerichtet werden. Überall entstanden neue Gasthäuser, so auch 1884 der Feldberger Hof. Die Gründer, das Ge-

schwisterpaar Carl und Fanny Meyer, verstanden es von Anfang an, Gäste auf den fast 1500 Meter hohen Berg zu locken. Nicht zuletzt, weil sie für ihre Wintergäste Skier anfertigen ließen. Der Feldberger Hof wuchs und gedieh. Immer neue Anbauten kamen hinzu, und irgendwann musste der alte Gasthof einem nüchternen Neubau weichen. Wer heute den Feldberg hinauf kommt, steht vor einer gewaltigen Bettenburg. Vom romantischen Charme des alten Berggasthofs ist nichts mehr übrig.

Der eigentliche Durchbruch für die touristische Erschließung des Schwarzwaldes kam erst mit dem Bau der Eisenbahn: 1873 wurde die badische Schwarzwaldbahn eröffnet, die von Offenburg nach Singen führt. Sie gilt bis heute als eine der spektakulärsten Bahnstrecken Europas. Zwischen Hornberg und St. Georgen überwindet der Zug 448 Höhenmeter und durchfährt 39 Tunnels. Eine Meisterleistung der Ingenieurskunst und ein Zeugnis badischen Stolzes und Eigensinns. Denn es wäre viel einfacher gewesen, die Bahntrasse teilweise über württembergisches Gebiet zu führen. Aber das kam nicht in Frage. So blieb den Planern keine Wahl: Die Trasse musste in die badischen Felsen geschlagen, Galerien und Dämme errichtet, Tunnel gebohrt und ein Viadukt gebaut werden.

Auch der Bau der Höllentalbahn, die 1887 in Betrieb genommen wurde, war ein tollkühnes Unterfangen: Zwischen Freiburg und Hinterzarten mussten 625 Höhenmeter überwunden werden. Das steilste Stück liegt zwischen Himmelreich und Hinterzarten. Hier befindet sich die Ravennabrücke, deren Ende 12 Meter über dem Anfang liegt.

Doch der Aufwand hatte sich gelohnt. Die Eisenbahn belebte das wirtschaftlich schwache Hinterland und brachte Touristen in weit größerem Umfang als bisher in die Berge des Schwarzwalds. Von nun an verband man mit den Namen Höllental, Hinterzarten und Titisee Erholung, gute Luft und renommierte Gasthäuser.

Schon lange bevor Sommerfrischler die Straßen und Gasthöfe des Schwarzwaldes belebten, hatte sich ein anderer Erwerbszweig entwickelt, für den der Schwarzwald berühmt wurde: die Uhrmacherei. Um die langen Winter zu überbrücken und sich einen Nebenerwerb zu verschaffen, fingen Ende des 17. Jahrhunderts die ersten Bauern an, Uhren anzufertigen. Vermutlich hatten Glasträger, die Schwarzwälder Glas bis nach Italien brachten, auf ihrem Rückweg Uhren mitgebracht und sie den Bauern gezeigt. Da diesen jedoch das Geld für teures Metall fehlte, griffen sie zu dem, was am besten verfügbar war: Holz. Gehäuse, Achsen, Zahnräder und Zeiger – alles wurde aus heimischen Stämmen geschnitzt. Viele Bauernsöhne, die nicht den Hof erbten, machten aus dem Nebenerwerb einen Hauptberuf. Manch einer spezialisierte sich auf einzelne Uhrenkomponenten, so zum Beispiel die Schildermaler, die bisweilen aufwändig und kunstvoll die Stirnseiten der Uhren und die Zifferblätter gestalteten.

Die fertigen Uhren wurden von Uhrenträgern in alle europäischen Länder gebracht und dort verkauft. Schwarzwälder Uhren gelangten bis nach Russland. Sogar in Vorderasien fanden sie Käufer.

Obereck
Reute
Kandel
Glottertal

Der Bedarf an Uhren in einer immer schnelllebigeren Zeit war enorm. Und so übten immer mehr Menschen diesen Beruf aus. 1850 gab es in Gütenbach, einem Dorf mit nur 833 Einwohnern, 96 Uhrmacher, 10 Gestellbauer, 16 Schildermaler und 61 Uhrenhändler.

Aus den kleinen familiären Uhrmacherbetrieben entwickelten sich im 19. Jahrhundert größere Firmen. 1850 entstand in Furtwangen die erste Uhrmacherschule Deutschlands.

Vielen gilt die Kuckucksuhr als die typische Schwarzwalduhr schlechthin. Aber das ist etwas übertrieben. Kuckucksuhren waren ein Kuriosum, deren Produktion immer nur nebenher lief. Wann der erste hölzerne Kuckuck auf einer Uhr die Stunde flötete, ist ungewiss. Möglicherweise war der Erfinder Franz Ketterer, der um 1740 in Schönwald lebte. Die bislang größte Kuckucksuhr baute 1981 Josef Dold. Sie ziert am Ortsende von Schonach ein ganzes Haus: 1,65 Meter misst das Zifferblatt im Durchmesser. Auch das hölzerne Uhrwerk im Inneren ist sehenswert: Die Zähnräder sind bis zu 1,85 Meter groß.

Der Schwarzwald als eine Region der Bastler, Feinmechaniker und Tüftler. Haben Sie früher mit einer Modelleisenbahn gespielt? Dann erinnern Sie sich sicher an die schmucken kleinen Häuschen, die man zuerst zusammenkleben muss, bevor man sie in die Eisenbahnlandschaft stellt: die Faller Häuschen. Auch so eine Schwarzwälder Erfolgsgeschichte: Kurz nach dem Zweiten Weltkrieg überlegen die beiden Bauernsöhne Edwin und Hermann Faller aus Gütenbach, wie sie sich eine Existenz aufbauen können. Hermann Faller hat schließlich die zündende Idee. Er erinnert sich an einen kleinen Miniaturbauernhof, den er einmal für seine Tochter Ursula gebaut hat. Ist das die Lösung? Kinderspielzeug zum Basteln, Baukästen für Häuser und Mosaikspiele aus Holzteilen? Bald werden die Räume der elterlichen Landwirtschaft zur Produktionsstätte von Kinderspielzeug umgestaltet.

Anfang der 50er Jahre fanden die Brüder dann die Marktlücke, die fortan den Ruf ihres Unternehmens begründen sollte: Zubehör für Modelleisenbahnen: Bäume, Stellwerke, Bahnhöfe, Wind- und Wassermühlen. Alles aus Naturmaterialien hergestellt. Meist finden sie die Vorbilder für ihre Häuschen in der näheren Region des Schwarzwaldes. Ein Modell stammt jedoch von etwas weiter weg, aus der Schweiz, genauer gesagt, aus dem Tessin. Mit steigendem Wohlstand entdecken die Fallers das Reisen. Anfang der 60er Jahre sieht Hermann Faller auf einer Fahrt am Lago Maggiore eine kleine, aber schmucke Villa, ganz im modernen Stil der Zeit erbaut. Hermann Faller verliebt sich in das Haus und denkt: »So möchte ich auch eines Tages leben.« Da die finanziellen Mittel nicht reichen, lässt er kurzerhand die Villa als Modell nachbauen. Es wird zu einem großen Verkaufschlager. Und dann, drei Jahre später, ist das Geld vorhanden. Hermann Faller kann sich ein neues Haus bauen, eine Villa. Heute steht der Nachbau der Modellvilla oben auf dem Berg in Gütenbach. Wären die Bäume vor dem Haus noch so klein wie damals, könnte man vom Balkon aus wie einst Hermann Faller auf

das Firmengelände hinabschauen, oder weiter ins Simonswälder Tal bis in die ferne Rheinebene.

Geniale Tüftler, wenn auch nicht im Kleinen, sondern in fast schon kosmischen Maßstäben, waren die Kelten, die vor 3000 Jahren zwar nicht direkt im Schwarzwald lebten, aber im angrenzenden Rheintal. Ein Berg des Schwarzwaldes hatte es ihnen ganz besonders angetan und galt ihnen als heilig: Der 1414 Meter hohe Belchen unweit des Münstertals. Nun werden Sie als Kenner des Schweizer Jura schon bemerkt haben, dass es dort ebenfalls einen Belchen gibt. Und wenn Sie ein Liebhaber elsässischer Kulinarik sind, ist Ihnen sicher schon einer der drei Ballons begegnet: der Ballon d'Alsace, der Petit Ballon oder der Grand Ballon. Ihre Namen haben wie die der beiden Belchen den gleichen Ursprung. Sie gehen zurück auf den keltischen Sonnengott Belenus (oder Belakus). Vor einigen Jahren machten ein pensionierter Lehrer und ein wissenschaftlicher Assistent eine verblüffende Entdeckung: Alle fünf Berge bilden zusammen ein gigantisches Observatorium, mit dem man den Beginn der kalendarischen Jahreszeiten messen kann: Wer zur Tag- und Nachtgleiche am 21. März und am 23. September vom 1247 Meter hohen Ballon d'Alsace gen Osten blickt, wird die Sonne direkt über dem Schwarzwälder Belchen aufgehen sehen. Am 22. Dezember wiederholt sich das grandiose Schauspiel über dem Schweizer Belchen und am 21. Juni über dem Petit Ballon. Wenn am 1. Mai die Sonne über den Gipfel des Grand Ballon steigt, markiert sie den Beginn eines alten keltischen Feiertags. Schade, dass man bisher noch keine archäologischen Spuren auf dem Ballon d'Alsace oder den anderen vier Bergen gefunden hat. Aber wer frühmorgens vom Schwarzwälder Belchen den Sonnenaufgang beobachtet, der wird sich der Magie dieses Ortes kaum erwehren können und verstehen, warum einst der Dichter Johann Peter Hebel den Belchen als »die erste Station von der Erde zum Himmel« bezeichnete.

Belchen, Feldberg, Schauinsland, Kandel, Blauen. Imposante Berge findet man zuhauf im Schwarzwald. Daneben gibt es faszinierende Schluchten und Wasserfälle. Vielleicht standen Sie schon einmal vor den Triberger Wasserfällen und blickten verträumt auf die vielen Kaskaden, in denen das Wasser zu Tale stürzt. Doch beeindruckender, weil wilder und touristisch weniger ausgebaut, ist die Wutachschlucht bei Bonndorf. Wenn Ihnen der Sinn nach steil aufragenden Felsen, Stromschnellen und düsteren, von Sagen umwobenen Burgruinen steht, und wenn Sie sich gerne Zeit lassen, um nach seltenen Pflanzen- und Tierarten Ausschau zu halten, dann sollten Sie unbedingt mal ein Stück der 30 Kilometer langen Schlucht durchwandern.

Die Wutachschlucht ist einzigartig in Baden-Württemberg. Noch immer gräbt sie ihr Bett tiefer in den Stein hinein, windet sich in engen Kurven durch steil aufragende Muschelkalkfelsen und löst regelmäßig Erdrutsche aus. Eine Landschaft, die ständig in Bewegung ist. Wer die Wutach einmal bei Hochwasser erlebt hat, weiß, warum sie ihren Namen trägt. Anfangs ist der im Feldberg

entspringende Fluss noch harmlos und seicht. Hier heißt er noch Gutach. Erst seine Vereinigung mit der Haslach macht aus ihm das tosende, wütende Gewässer. In seinem Lauf schneidet der Fluss fast alle Gesteinsschichten Südwestdeutschlands an: Schwarzwälder Gneise und Granite, Buntsandstein, Muschelkalkfelsen, Keuperformationen und die Juraschichten Lias und Dogger. Ein geologisches Lehrbuch. Aber die canyonartige Schlucht ist auch ein Paradies für seltene Tierarten. In den Höhlen der Felsen nisten Fledermäuse, auf dem feuchten Boden stößt man nach Regenfällen auf Feuersalamander, und wer großes Glück hat, kann auf einem Felsen einen Eisvogel entdecken. Immer wieder stößt man im Wutachtal auf Spuren alter menschlicher Besiedlungen. Nicht nur die kleinen Burgruinen oder die Reste alter Wassermühlen erinnern an die Menschen, die hier einst gelebt haben, auch die Fundamente des einstmals berühmten Heilbades Bad Boll. 1609 erstmals erwähnt, wurde das Kurhaus 1900 vom englischen Fishing Club zu einer pompösen Hotelanlage umgebaut und avancierte zur ersten Adresse für Forellenliebhaber. Über 12 000 Übernachtungen konnte das Hotel im Jahr verzeichnen. Doch Anfang der 70er Jahre ging es mit dem Gasthaus bergab. Ein Brand zerstörte 1975 einen Teil der Anlage, die in den folgenden Jahren abgerissen wurde. Heute erinnern nur noch die zerfallene Kapelle und einige Bäume einer überwucherten Allee an das ehemalige feine Kurhaus an der Wutach.

Den Rückzug des Menschen aus der Wutachschlucht sehen die Naturschützer eher positiv. Denn so kann sich die Natur besser erholen und bedrohten Tier- und Pflanzenarten als Refugium dienen. Doch aussperren will man den Menschen keinesfalls. Tourismus und Naturschutz müssen gleichermaßen zu ihrem Recht kommen. So sieht es auch Stefan Büchner vom Naturschutzzentrum auf dem Feldberg: »Wie sollen wir die Menschen für die Natur begeistern, wenn wir sie aussperren?« Verbotsschilder schaffen eher Verdruss als Wachsamkeit. Deshalb führen manche Wege auch durch ökologisch sensible Zonen. Wer sich eingehender informieren will, kann eine vom Naturschutzzentrum organisierte Führung mitmachen. In dem 2001 eröffneten Haus der Natur erfährt man viel über den Lebensraum Schwarzwald und über die jahrtausendelange Einwirkung des Menschen auf die Natur des Mittelgebirges, die ohne ihn ganz anders aussehen würde.

Doch seit jenem wilden Dezembertag im Jahre 1999 ist die Natur auf einigen Schwarzwaldhängen wieder ganz sich selbst überlassen: Am zweiten Weihnachtsfeiertag fegte der Orkan Lothar übers Land und mähte 40 000 Hektar Wald nieder. Was für die Waldbesitzer eine finanzielle Katastrophe war, ist für die Natur des Schwarzwaldes eine große Chance. Auf etwa zwei Dritteln der kahlen Flächen wird in Zukunft wieder ein Mischwald stehen. Beim Schliffkopf und beim Ruhestein an der Schwarzwaldhochstraße ließ man die umgeworfenen Fichten einfach liegen und überlässt den Wald sich selbst. Wer weiß, vielleicht wird hier eines Tages wieder ein Urwald wachsen, der so aussieht wie der, den seine frühen Bewohner respektvoll Schwarzwald nannten.

Sirnitz
Münstertal
Staufen
Blauen
Merdingen
Schweizer Jura

Sommer auf den Grinden. ◊ Summer in the heathlands. ◊ Eté sur les Grinden.

Rechte Seite: Die Hornisgrinde, vom Hochkopf aus gesehen. ◊ Opposite: Hornis heath, seen from the Hochkopf. ◊ Page de droite : La Hornisgrinde vue du Hochkopf.

# ENTLANG DER SCHWARZWALD-HOCHSTRASSE

Über den Grindenschwarzwald nach Freudenstadt

Baden-Baden. Oben: Die Trinkhalle im Kurgarten. Unten links: Auf den Zinnen der Burgruine Hohenbaden. Unten rechts: Pflegeleichte Kundschaft in einem Straßencafé. ◊ Baden-Baden. Above: The pump room in the gardens of the Kurhaus. Below, left: The battlements of the ruined Hohenbaden fortress. Below, right: Easy-to-please patrons in a street café. ◊ Baden-Baden. En haut : La buvette dans le parc de l'établissement thermal. En bas à gauche : Les ruines du château fort de Hohenbaden. En bas à droite : Clients accommodants sur une terrasse de café.

Auf den Kämmen des Nordschwarzwalds hat sich eine spezifische Vegetation angesiedelt. ◊ The northern ridges of the Black Forest have a vegetation all their own. ◊ Une végétation spécifique s'est acclimatée sur les crêtes de la Forêt-Noire du nord.

Vom Ruhestein gelangt man bequem mit dem Lift hinauf zum Seekopf. ◊ The summit of the Seekopf can be easily reached by taking the chair-lift from the Ruhestein. ◊ Grâce au télésiège, on se rend facilement du Ruhestein au Seekopf.

Schafe bei der Landschaftspflege. Die Beweidung dient dem Offenhalten der Landschaft. ◊ Sheep tidying up the landscape. Pasturing keeps the landscape open. ◊ Des moutons entretiennent le paysage. La pâture contribue à conserver un paysage dégagé.

Am Wilden See. ◊
Lake Wilder See. ◊
Au bord du Wilder See.

Kiefern siedeln sich gern auf den Grinden an. Unten: Blick über den Wilden See und die ausgedehnte Waldfläche des Nordschwarzwalds. ◊ Pine trees are very much at home on the heathlands. Below: View across Lake Wilder See and the extensive woodlands of the northern Black Forest. ◊ Les pins aiment bien coloniser les Grinden. En bas : Vue sur le Wildsee et la vaste étendue boisée de la Forêt-Noire du nord.

Roter Fingerhut (Digitalis purpurea). Unten: Tiefblick ins Renchtal. ◊ Red foxglove. Below: View across to Renchtal valley. ◊ Digitale pourpre. En bas : Vue sur la vallée de la Rench.

Morgenstimmung im Gottschlägtal bei Ottenhöfen. Am Ausgang der wasserfallreichen Schlucht befindet sich der Sage zufolge das »Edelfrauengrab« (unten). ◊ Early morning in Gottschlägtal valley near Ottenhöfen. Legend has it that a »noble lady« lies buried at the end of this gorge with its many waterfalls (below). ◊ Atmosphère matinale dans la vallée de Gottschläg près d'Ottenhöfen. A la sortie de la gorge aux nombreuses chutes d'eau se trouve, selon la légende, la tombe de la « noble dame » (en bas).

Wasserspiele in Freudenstadt. Oben: Der Schwarzwaldbrunnen mit seinen schrägen Vögeln. Rechts: Die Fontänen am unteren Marktplatz mit der Stadtkirche. ◊ Ornamental fountains in Freudenstadt. Right: The fountains on lower Market Square in front of the parish church. ◊ Jeux d'eau à Freudenstadt. A droite : Fontaines sur la place du Marché, au fond l'église paroissiale.

Spätherbstliches Nebelmeer über dem Rheintal, unweit des Mummelsees. ◊ Late autumn mists billowing over the Rhine plain, not far from Mummelsee lake. ◊ Mer de nuages en fin d'automne sur la vallée du Rhin, près du Mummelsee.

Linke Seite: Der praktisch entwaldete Gipfel des Geißkopfs an der Schwarzwald-Hochstraße. ◊ Opposite: The practically denuded upper reaches of the Geißkopf on the Black Forest High Road. ◊ Page de gauche : Presque tout déboisé, le sommet du Geißkopf sur la route des Crêtes.

# AUF LOTHARS SPUREN

Die Begehung des Lotharpfads verlangt Trittsicherheit. ◊ The Lothar storm trail is a test of sure-footedness. ◊ Emprunter le sentier Lothaire exige beaucoup d'assurance.

Als am Mittag des 2. Weihnachtsfeiertags 1999 das Windmessgerät der Wetterstation auf dem Feldberg in einer Sturmbö seinen Geist aufgab, war die zuletzt registrierte Geschwindigkeit von 212 km/h selbst schon ein Rekordwert. Das dafür verantwortliche Orkantief »Lothar« sollte seine maximale Stärke jedoch erst noch erreichen und dabei das Gesicht des Schwarzwalds noch tiefgreifender verändern als »Vivian« und »Wiebke« knapp zehn Jahre zuvor. Innerhalb weniger Stunden wurden mehr als doppelt so viele Bäume geknickt oder umgeworfen, wie in Baden-Württemberg – dem mit Abstand am stärksten betroffenen Bundesland – sonst in einem ganzen Jahr eingeschlagen werden. Im Nordschwarzwald ist das Ausmaß der Schäden bei einer Fahrt auf der Schwarzwald-Hochstraße unübersehbar. Etwa auf halber Strecke zwischen dem Mummelsee und dem Ruhesteinpass bieten die Hänge um den Altsteigerskopf einen schaurigen Anblick.

Nur wenige Kilometer weiter, südlich des Schliffkopfs, wurde kreuz und quer durch eine 10 Hektar große und bewusst nicht rekultivierte Sturmwurffläche ein Waldlehrpfad angelegt: der Lotharpfad. Dieser hat sich seit seiner Eröffnung im Sommer 2003 schnell zu einer regelrechten Attraktion entwickelt. Inzwischen sind es rund 50 000 Besucher pro Jahr, die sich auf Stegen, Treppen und Brücken inmitten eines abenteuerlichen Gewirrs aus übereinandergestürzten Bäumen und bizarren Wurzeltellern bewegen – dazwischen, darüber hinweg und bisweilen auch darunter hindurch. Doch nicht nur die Zerstörungskraft des Orkans wird hier auf drastische und zugleich faszinierende Weise erlebbar; auch die Neuentwicklung der Vegetation ohne menschliches Zutun lässt sich hier studieren. Und dass Lothar den Schwarzwald nicht nur verunstaltet hat, wissen die Wanderer schon längst, die sich über die neuen Aussichten ins Rheintal freuen.

Sturmwurfflächen im Münstertal (oben), am Schlüchtsee (mitte links), bei Kaltenbronn (mitte rechts) und am Altsteigerskopf (unten). ◊ Windthrow areas in Münstertal valley (above), near Lake Schlüchtsee (centre, left), near Kaltenbronn (centre, right) and on the Altsteigerskopf (below). ◊ Etendues dévastées par la tempête dans la vallée de Münster (en haut), au bord du Schlüchtsee (au milieu à gauche), près de Kaltenbronn (au milieu à droite), et sur l'Altsteigerskopf (en bas)

Die hoch aufragenden Wurzelteller umgeworfener Fichten gehören zu den stärksten Eindrücken auf dem Lotharpfad. Selbst hier haben sich inzwischen wieder Pflanzen angesiedelt. ◊ The immense exposed root-plates of toppled spruce trees are among the most striking impressions to be gained on the Lothar storm trail. But even here plant life has re-established itself. ◊ Epicéas renversés aux racines qui se dressent : ce sont les impressions les plus marquantes du sentier Lothaire. Entre temps, même ici, d'autres plantes ont pu s'installer.

Nach Einbruch der Dunkelheit ist es einsam auf dem Belchengipfel. Der Blick geht hinüber zum Blauen. ◊ When darkness falls, the summit of the Belchen is a lonely place. In the background, the summit of the Blauen. ◊ Au crépuscule, le sommet du Belchen semble solitaire. Le regard porte jusqu'au Blauen.

Rechte Seite: Wer früh aufsteht, kann im Sommer vom Belchen aus die Sonne hinter dem Feldberg aufgehen sehen. ◊ Opposite: From the Belchen early risers can watch the sun rise over the Feldberg. ◊ Page de droite : Qui se lève tôt en été, pourra voir du Belchen, le soleil se lever derrière le Feldberg.

# RUND UM DEN BELCHEN

So weit das Auge reicht

In der Rheinebene und im Markgräfler Land blühen bereits die Kirschen, wenn auf den Schwarzwaldgipfeln, wie hier auf dem Belchen, noch Schnee liegt. ◊ When the cherry trees start blossoming in the Rhine plain and the Markgräfler Land, snow still lies on the peaks of the Black Forest, as here on the Belchen. ◊ Dans la plaine du Rhin et dans le Markgräflerland, les cerisiers sont déjà en fleurs alors que la neige couvre encore les sommets de Forêt-Noire, tels le Belchen.

Der Burgberg bei Staufen am Eingang zum Münstertal. ◊ Burgberg hill near Staufen guards the entry to Münstertal valley. ◊ Le Burgberg près de Staufen à l'entrée de la vallée de Münster.

Schloss Bürgeln, beliebtes Ausflugsziel im Markgräfler Land. ◊ Bürgeln Castle, a popular destination in the Markgräfler Land. ◊ Le château de Bürgeln, but d'excursion très prisé dans le Markgräfler Land.

Heuernte beim Kloster St. Trudpert im Münstertal. ◊ Hay harvest near St. Trudpert monastery in Münstertal valley. ◊ Saison des foins au monastère de St Trudpert dans la vallée de Münster.

Blick vom Weiherkopf über das untere Münstertal zum Kaiserstuhl hin. ◊ View from the Weiherkopf across lower Münstertal valley to the Kaiserstuhl beyond. ◊ La vallée de Münster vue du Weiherkopf, au loin le Kaiserstuhl.

Das letzte Sonnenlicht streift die Halden westlich von Neuenweg. ◊ The last rays of the evening sun gild the hillsides west of Neuenweg. ◊ Les derniers rayons du soleil caressent les pentes à l'ouest de Neuenweg.

Eine ungewöhnliche Perspektive auf den Belchen bietet sich von den Wiesen beim Nonnenmattweiher. ◊ The meadows near Nonnenmatt tarn afford an unusual perspective on the Belchen. ◊ Des prés du Nonnenmattweiher, on a une vue inhabituelle sur le Belchen.

Folgende Doppelseite: Die schwimmende Moorinsel im Nonnenmattweiher. ◊ Overleaf: Floating peat island on Nonnenmatt tarn. ◊ Double page suivante : une île de tourbe flotte sur le Nonnenmattweiher.

Die ersten Sonnenstrahlen genießt diese Kuh auf dem Belchengipfel. Für die Kulisse des Berner Oberlandes scheint sie sich dagegen nicht erwärmen zu können. ◊ A cow relishing the first rays of the sun on the peak of the Belchen but supremely indifferent to the prospect of the Bernese Oberland in the distance. ◊ Elle savoure les premiers rayons du soleil au sommet du Belchen. Par contre, le décor de l'Oberland bernois ne semble pas la toucher.

Grenzstein auf der Gipfelkuppe. ◊ Boundary stone on the summit. ◊ Borne frontière au sommet.

Am Südhang des Belchen. ◊ The southern slopes of the Belchen. ◊ Versant sud du Belchen.

Seit Dezember 2001 führt eine Seilbahn zum Belchengipfel hinauf. Die Kabinen stammen von der Expo 2000 in Hannover. ◊ Since December 2001 cable cars take visitors to the top of the Belchen. The cabins come from the Expo 2000 exhibition in Hanover. ◊ Depuis décembre 2001, on peut monter en télécabine jusqu'au sommet du Belchen. Les cabines proviennent de l'Expo 2000 à Hannovre.

Räumliche Weite und ausgedehnte Freiflächen kennzeichnen das Wiesental bei Schönau, das »Belchenland«. ◊ Wide open spaces are the hallmark of Wiesental valley near Schönau, also known as »Belchenland«. ◊ Ces vastes étendues dégagées sont la caractéristique du Wiesental près de Schönau, le « Belchenland ».

Siegfried Riesterer auf seinem Meiler beim Kohlemachen. ◊ Siegfried Riesterer on his charcoal stack. ◊ Siegfried Riesterer sur sa meule en train de fabriquer du charbon de bois.

# DER KÖHLER VOM MÜNSTERTAL

Bei der Erschließung des unbesiedelten Waldes spielten die Köhler eine bedeutsame Rolle. Was die Flößer nicht fortschafften, verkohlten sie in ihren Meilern zum wichtigen Grundstoff für die Schwarzwälder Industrie. Gebraucht wurde die Holzkohle für die Verhüttung der aus den nahegelegenen Gruben geschürften Erze und für die Glasbläser, die ebenfalls einen großen Bedarf an hochwertigen Brennstoffen hatten. Dabei wurden überwiegend Harthölzer wie die Buche verwendet, da sie eine bessere Kohle ergeben. Auch dadurch trug die Köhlerei zur heutigen Dominanz der Fichte im Schwarzwald bei, der ursprünglich ein Mischwald war. Im ganzen Schwarzwald verstreut lagen die Kohlplätze, an die eine Reihe von Flurnamen erinnern. Wer an einer auffallend ebenen Fläche im Wald ein wenig scharrt, findet vielleicht noch ein Stück alte Kohle. Mit dem Abbau der Steinkohle ging die Köhlerei im Schwarzwald schnell zuende.

Siegfried Riesterer ist einer der Wenigen, die sich heute noch auf dieses alte Handwerk verstehen, auf die Kunst, eine Unmenge an Scheiten so anzuordnen und abzudecken, dass bei der anschließenden Verkohlung für eine optimale Luftzufuhr und Temperaturregelung gesorgt ist. Mehrmals im Jahr errichtet der gebürtige Münstertäler, unterstützt von seiner Familie, in einer entlegenen Ecke des Tals seinen Meiler. Einmal entzündet, bedarf der Meiler sorgfältiger Pflege und Überwachung. Während dieser Zeit muss der Köhler auch nachts vorbeischauen, damit kein Brand entsteht. Um dabei zumindest vor Regen geschützt zu sein, hat Riesterer für seinen Meiler ein Dach konstruiert, durch das Hitze und Rauch abziehen können.

Mehr als ein Nebenerwerb aus Leidenschaft kann die Köhlerei heute freilich nicht mehr sein. Man darf daher gespannt sein, ob in ein paar Jahren, wenn Riesterer seine Schubkarre und die Gießkannen in den Schuppen stellt, jemand diese außergewöhnliche Familientradition fortführt und dem Münstertal sein Köhler erhalten bleibt.

Auf der sorgfältig vorbereiteten Platte wird um den sogenannten Quandel herum aus unzähligen Holzscheiten der Meiler errichtet, der dann mit der Lösche (dem Bodensatz des vorigen Meilers) abgedeckt wird. Um den Meiler zu entzünden, befüllt der Köhler den Quandel mit glühender Kohle. Wenn er dann nach knapp zwei Wochen mit dem Abbau des Meilers beginnt, ist die Gießkanne pausenlos im Einsatz. ◊ First the floor of the stack is carefully prepared, then the stack itself is built up around the so-called charge and covered with the residue from the previous stack. To light the stack, the charcoal-burner drops charcoal embers into the fire hole at the centre. Just under two weeks later, the stack is dismantled, with the watering-can constantly at hand to prevent re-ignition. ◊

Sur une surface soigneusement préparée, on érige la meule faite d'un grand nombre de bûches autour du « Quandel » (cheminée), elle est ensuite recouverte des restes de la dernière meule. Pour l'allumer, le charbonnier remplit la cheminée de charbon incandescent. Au bout de deux semaines, il commence à défaire la meule, l'arrosoir est alors continuellement en action.

Vom Kaiser-Wilhelm-Turm auf dem Hohloh zwischen Murg- und Enztal geht der Blick hinüber zur Hornisgrinde. ◊ View across to Hornisgrinde from the Hohloh elevation between the Murgtal and Enztal valleys. ◊ De la tour de l'empereur Guillaume sur le Hohloh, entre la vallée de la Murg et la vallée de l'Enz, le regard porte jusqu'à la Hornisgrinde.

# GEN NORDEN

## Zwischen Murg und Neckar

Vom Kloster in Bad Herrenalb ist kaum mehr übrig als das Mauerwerk der Vorhalle (oben rechts), auf dem die kuriose »Wunderkiefer« gedeiht (oben links). Links: Die malerische Altstadt von Altensteig. ◊ Little is left of Bad Herrenalb monastery except the masonry of the porch (above, right) on which the curious »Miracle Pine« is perched (above, left). Left: The picturesque Old Town of Altensteig. ◊ A Bad Herrenalb, il ne reste plus guère que le mur du narthex du monastère (en haut à droite) et son curieux « pin miraculeux » (en haut à gauche). A gauche : La vieille ville pittoresque d'Altensteig.

Auf der Murg bei Gernsbach wurden früher große Mengen Holz zum Rhein geflößt. Im Hintergrund Schloss Eberstein. ◊ In former days, vast amounts of timber were transported down to the Rhine from Gernsbach on the river Murg. In the background, Eberstein Castle. ◊ Gernsbach : La Murg transportait autrefois de grandes quantités de bois jusqu'au Rhin. A l'arrière plan, le château d'Eberstein.

Der Wildsee liegt in einem ausgedehnten Hochmoorgebiet. Im Spätsommer zeigt sich die Landschaft in wundervollen Farben. ◊ Lake Wildsee lies in an expansive stretch of high moorland. In late summer the landscape is decked out in a wonderful array of colours. ◊ Le Wildsee est situé dans une région de tourbières. A la fin de l'été, le paysage est resplendissant.

Die Schwarzenbach-Talsperre oberhalb von Forbach ist der größte Stausee im nördlichen Schwarzwald. ◊ The Schwarzenbach reservoir above Forbach is the largest artificial lake in the northern Black Forest. ◊ Le barrage de Schwarzenbach, en amont de Forbach, forme le plus grand lac de barrage de la Forêt-Noire du nord.

Der Hohlohsee im Winterkleid. ◊ Hohlohsee lake in winter. ◊ Le Hohlohsee en habit d'hiver.

Märchenwald bei Kaltenbronn. ◊
Forest magic near Kaltenbronn. ◊
Forêt féerique près de Kaltenbronn.

Wer mag, nutzt die weiße Pracht zum Skifahren. ◊ Kaltenbronn, a popular haunt for skiers. ◊ On peut aussi utiliser cette magnifique blancheur pour faire du ski.

Rechts: Im Wasserfilm der Brunnenkugel spiegelt sich die Alte Oberamtei in Nagold. Unten links: Idyllisch ist die Altstadt von Horb am Neckar, eines der vielen »Tore zum Schwarzwald«. Unten rechts: Das Wirtshausschild am Hotel Post erinnert an die frühere Haltestelle auf der Postkutschenlinie Stuttgart – Freudenstadt. Im Hintergrund lugt der Alte Turm hervor. ◊ Right: The water film on the spherical fountain in Nagold mirrors the old high court building opposite. Below, left: The idyllic Old Town of Horb, on the Neckar, one of the many »gateways to the Black Forest«. Below, right: The inn sign of the Hotel Post reminds us that this was once a stopover on the stagecoach route from Stuttgart to Freudenstadt. In the background, the Old Tower looks down on the square. ◊ A droite : l'ancien grand bailliage se reflète sur l'écran de la boule de la fontaine. En bas à gauche : Vieille ville idyllique de Horb sur le Neckar, c'est l'une des nombreuses « portes de la Forêt-Noire ». En bas à droite : L'enseigne de l'hôtel de la Poste rappelle l'ancien relais de la ligne de diligences Stuttgart – Freudenstadt. A l'arrière plan, la Vieille Tour.

Rechts: Im März sind die Wiesen oberhalb von Zavelstein übersät von wilden Krokussen. Vermutlich sind sie aus dem Garten der Burg ausgewildert, deren Ruine ganzjährig zu besichtigen ist. ◊ Right: In March the meadows above Zavelstein are carpeted with wild crocuses. They probably stem from the gardens of the castle, now ruined and open to visitors throughout the year. ◊ A droite : En mars, les prairies au-dessus de Zavelstein sont parsemées de crocus sauvages. Ils se sont sans doute propagés depuis le jardin du château fort, dont l'on peut visiter les ruines toute l'année.

Die bis zu 55 Meter hohen Felstürme der »Badener Wand« im Battert mit ihrer beeindruckenden Blockhalde bestehen aus Porphyrkonglomerat. ◊ The columns of rock, some of them 170 feet high, forming the »Baden Wall« in the Battert massif consist of porphyry conglomerate. ◊ La « Badener Wand », tours rocheuses de près de 55 m de haut, se trouve dans le Battert; ses blocs de rochers impressionnants sont composés de conglomérat de porphyre.

# FELSEN

Steile Wände, sonnenexponierte Felsköpfe, auf denen spezialisierte Pflanzen Hitze und Trockenheit trotzen, oder bemooste, von Wasser umspielte Blöcke, die man in bizarren Formen im Wald findet – Felsen sind im Schwarzwald allgegenwärtig. Sie sind jedoch mehr als nur ein Landschaftselement, Felsen geben auch Auskunft über die Entstehung der Landschaft selbst.

Wer am unteren Ufer des Feldsees den gewaltigen Felsblock betrachtet, der offenbar von der gegenüberliegenden Felswand stammt, mag sich fragen, welche Kräfte dieses Gewicht an diese Stelle zu versetzen vermocht haben. Diesen Transport übernahm ein Gletscher, dem das Feldseekar überhaupt erst seine Entstehung verdankt. Wie mächtig die Eismassen im südlichen Schwarzwald gewesen sein müssen, veranschaulicht die Lage des 180 Tonnen schweren Findlings von Schönau, 170 Meter oberhalb der Talsohle des Wiesentals. Und auch im Kleinen zeigt sich an Felsen, dass der Schwarzwald eine eiszeitliche Überformung erfahren hat: Unscheinbare Schrammen werden von Geologen als Gletscherschliffe identifiziert, die das vom Eis mitgeführte Geschiebe ins Gestein gekerbt hat.

Formen und Farben der Felsen geben Aufschluss über den geologischen Untergrund. Im Südschwarzwald besteht er im Wesentlichen aus den Gneisen und Graniten des Grundgebirges, das während der Hebung des Schwarzwalds im Laufe von Jahrmillionen durch Abtragungsprozesse gänzlich von den Sedimentgesteinen des Deckgebirges befreit wurde. Im Norden hat sich eine Auflage aus Buntsandstein erhalten, die man auch am Rand der sanft abfallenden Ostseite des Schwarzwalds findet. Dazwischen gibt es immer wieder Sonderformen wie den Porphyrgang des Räuberschlössles in der Wutachschlucht oder das aus uralten Sedimenten aufgebaute Battertmassiv bei Baden-Baden, an dem sich an schönen Tagen die Kletterer versuchen.

Unten: Der reiche Bestand der Pfingstnelke (Dianthus gratianopolitanus) hat dem Porphyrfelsen des Räuberschlössles in der Wutachschlucht den Namen »Nägelefelsen« eingebracht. ◊ Below: The profusion of firewitch has earned the porphyry of the »robbers' castle« in the Wutach gorge the name »Carnation Rock«. ◊ En bas : l'abondance d'oeillets sauvages a donné son nom au rocher de porphyre du Räuberschloss dans la gorge de la Wutach : « le rocher des oeillets ».

Mitte rechts: Die aus Oberrotliegend-Sedimenten aufgebaute Felsengruppe des Falkenstein über Bad Herrenalb. Unten rechts: Der »Karlsruher Grat« bei Ottenhöfen bietet mit seinen steilen Wänden aus Quarzporphyr eine beinahe alpine Kletterpartie. ◊ Centre, right: The red facies of the sediments constituting the Falkenstein group above Bad Herrenalb. Below, right: With its steep quartz-porphyry rockface, the »Karlsruhe Ridge« near Ottenhöfen poses an almost Alpine challenge to climbers. ◊ Au milieu, à droite : Au-dessus de Bad Herrenalb, groupe de rochers du Falkenstein, d'origine sédimentaire. En bas à droite : Près d'Ottenhöfen le « Karlsruher Grat » aux abruptes parois de porphyre permet l'escalade – on se croirait dans les Alpes.

Runde Verwitterungsformen sind typisch für Granite. Oben links: »Wollsackverwitterung« im Sasbachwaldener Blockmeer. Rechts oben: Ein Granitblock am Schluchsee. Mitte: Bärhaldegranit am Zweiseenblick. Rechts unten: Der Findling von Schönau wurde vom Wiesegletscher verfrachtet. ◊ Rounded weathering forms are characteristic of granite. Below, right: The colossal erratic block in Schönau. ◊ Blocs de granit aux formes rondes typiques. En haut à droite : En bas à droite : Le bloc erratique de Schönau.

Beliebte Kletterfelsen im Hochschwarzwald: Der Scheibenfelsen im Zastlertal, der Schwimmbadfelsen bei Todtnau und der Große Kandelfels. ◊ Popular mountaineering venues in the High Black Forest: the Scheibenfelsen in Zastlertal valley, the Schwimmbadfelsen near Todtnau and the Great Kandel rock. ◊ Parois d'escalade recherchées dans la Haute Forêt-Noire : le Scheibenfelsen dans la Zastertal, le Schwimmbadfelsen près de Todtnau et le Großer Kandelfels.

Rechts: Die Devonschieferfelsen der Utzenfluh im Wiesental beherbergen einige botanische Kostbarkeiten wie z. B. den Südlichen Wimperfarn (Woodsia ilvensis). ◊ Right: The Utzenfluh in Wiesental valley accommodates a variety of botanical rarities like the rusty woodsia fern. ◊ A droite : Les rochers de l'Utzenfluh dans la Wiesental abritent quelques joyaux de la flore telle la woodsie alpine.

Unten: Auf den Höhen des Nördlichen Schwarzwalds besteht der Untergrund großenteils aus Buntsandstein. ◊ Below: The bedrock of the upper reaches of the northern Black Forest consists largely of Bunter sandstone. ◊ En bas : Sur les hauteurs de la Forêt-Noire du Nord, le sous-sol est essentiellement composé de grès bigarré.

Blick vom Kandelgipfel ins Rheintal hinunter über Freiburg, Denzlingen und Emmendingen. Über den südlichen Vogesen liegt das letzte Licht eines Dezemberabends. ◊

View of the Rhine valley from the peak of Mount Kandel across Freiburg, Denzlingen and Emmendingen. The dying light of a December evening lingers over the southern ranges of the Vosges. ◊

Vue du sommet du Kandel : La plaine du Rhin, Fribourg, Denzlingen et Emmendingen. Sur les Vosges du sud, dernière lumière d'un soir de décembre.

# DAS KANDELMASSIV

Schwarzwald aus dem Bilderbuch

Eindrucksvoll erhebt sich der Kandel über der Rheinebene bei Denzlingen. ◊ The Kandel massif looms impressively over the Rhine plain near Denzlingen. ◊ Le massif du Kandel se dresse, impressionnant, au-dessus de la plaine du Rhin, près de Denzlingen.

Am Fuß der Schwarzwald-Westseite wird häufig Weinbau betrieben, wie hier im Glottertal oder bei Buchholz (oben links). ◊ Vineyards are plentiful at the foot of the western scarp of the Black Forest, as here in Glottertal valley and the environs of Buchholz (above, left). ◊ La vigne est cultivée au pied du versant sud de la Forêt-Noire, ici dans la vallée de la Glotter ou près de Buchholz (en haut à gauche).

St. Peter, von der Oberibentaler Allmend aus gesehen. ◊ St. Peter viewed from the upper reaches of Ibental valley. ◊ St Peter vu du pacage d'Oberibental.

Am Eingang zum Elztal wacht die Waldkircher Burg. ◊ Waldkirch Castle stands guard over the entrance to Elztal valley. ◊ Le Château de Waldkirch veille à l'entrée de la vallée de l'Elz.

Der Kandel ist ein beliebter Startplatz für Drachen- und Gleitschirmflieger.
◊ Mount Kandel is a favourite starting point for hang-gliding and paragliding.
◊ Le Kandel, un point de départ apprécié pour les amateurs de deltaplane et de parapente.

Linke Seite: Weithin sichtbar sind die Türme der Klöster von St. Märgen (links oben) und St. Peter. Vom Lindenberg (unten) aus hat man eine herrliche Sicht über das Dreisamtal. ◊ Opposite: The towers of the monasteries St. Märgen (above, left) and St. Peter are visible for miles around. The heights of the Lindenberg (below) afford a superb view of Dreisamtal valley. ◊ Page de gauche : Tours des monastères de St Märgen (en haut à gauche) et de St Peter, on les voit de loin. Du haut du Lindenberg (en bas), on a une magnifique vue sur la vallée de la Dreisam.

Kapelle nahe St. Märgen. ◊ Chapel near St. Märgen ◊ Chapelle près de St Märgen.

Schroff fällt die Ostseite des Kandelmassivs zum Simonswälder Tal ab. Hier stürzen die Zweribachfälle hinunter. Im wunderbar unberührten Bannwald befinden sich auch die Hirschbachfälle (rechte Seite). ◊ The eastern scarp of the Kandel massif plunges steeply down into Simonswald valley. On the left, the Zweribach falls cascading down the hillside. Opposite: The Hirschbach waterfall graces the wonderfully intact Bannwald woods. ◊ Le côté est du massif tombe abruptement vers la vallée de Simonswald. Les chutes d'eau du Zweribach y dévalent la pente. Dans la forêt de protection, merveilleusement préservée, se trouvent les chutes du Hirschbach (page de droite).

Kälte – am Kandel, im Simonswälder Tal und am Thurner. ◊ Winter – on Mount Kandel, in Simonswald valley and on the Thurner. ◊ Grand froid – sur le Kandel, dans la vallée de Simonswald et sur le Thurner.

Manchmal reicht der Hochnebel bis in die Gipfellagen hinauf ... ◊ Sometimes the mountaintops are completely shrouded ... ◊ Le brouillard atteint parfois les sommets ...

... doch zumeist bietet sich, wie hier am Kandelgipfel, von oben eine herrliche Aussicht über das Nebelmeer. ◊ ... but usually the upper reaches afford a magnificent view across the billowing mists, here from the peak of Mt. Kandel. ◊ ... cependant, la plupart du temps c'est une vue magnifique qui s'offre à nous par-dessus la mer de brouillard, ici au sommet du Kandel.

Mensch und Hund genießen oberhalb von St. Peter den Blick auf die südlichen Vogesen. ◊ A man and his dog enjoying the prospect of the Vosges from the slopes above St. Peter ◊ Au-dessus de St Peter, l'homme et son chien apprécient la vue sur les Vosges du sud.

Der Schwarzwald macht seinem Namen glücklicherweise nicht überall Ehre. Lichter Buchenwald, wie hier am Kandel-Südhang, ist keine Seltenheit. ◊ Luckily, the Black Forest does not always live up to its name. Dappled beech woods are by no means uncommon, here on the southern slopes of Mt. Kandel. ◊ Heureusement que la Forêt-Noire ne fait pas partout honneur à son nom. Une forêt de hêtres lumineuse n'est pas chose rare, comme ici sur le versant sud du Kandel.

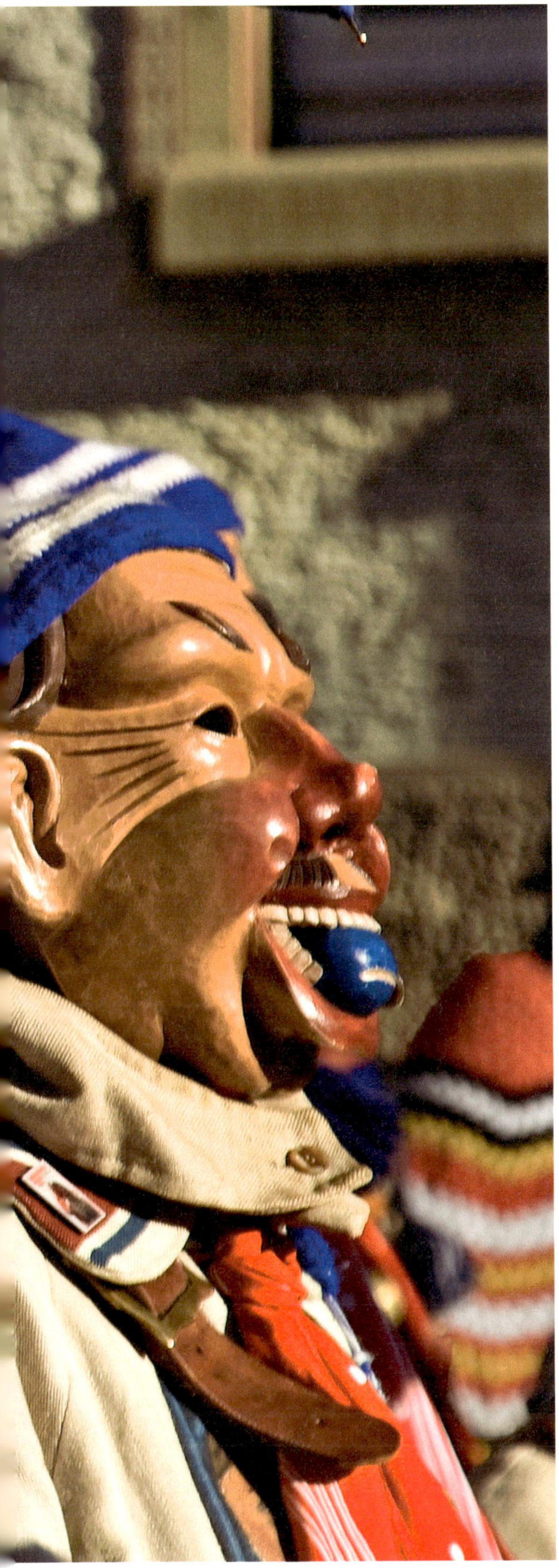

# FASNET

Im Februar oder Anfang März, vierzig Tage vor dem Ostersonntag, herrscht in etlichen Gemeinden des Schwarzwaldes für eine Woche der Ausnahmezustand. Schauerliche und eigenartige Wesen bevölkern die Straßen, Hexen, Teufel, Hansel, gehüllt in die seltsamsten Verkleidungen. Es ist Fasnet, und für ein paar Tage steht das öffentliche und private Leben Kopf. Mag mancher auch von diesem wilden Treiben befremdet sein, entziehen kann man sich ihm kaum. Und für nicht Wenige bedeuten diese Tage auch heute noch den Höhepunkt des Jahres. Monatelang hat man am Häs oder der Maske gearbeitet, für den Umzug geprobt. Jetzt stürzt man sich ins Getümmel, vergisst den Alltag als Sparkassenangestellter und tobt tags und nächtens durch die Straßen, um schließlich Dienstag um Mitternacht die Fasnet verbrennen zu sehen und sie mit dem Rest Stimme, der einem geblieben ist, gebührend zu beweinen.

Die Spielarten dieses eigentümlichen Verhaltens sind freilich so vielfältig wie seine Masken. So ist man sich denn auch nicht einig, wer eigentlich die richtige Fasnet feiert. Orten mit eher folkloristischen Veranstaltungen oder mehr am rheinischen Karneval orientierten Städten stehen Gemeinden mit jahrhundertealter Tradition gegenüber, auf die das oben Gesagte am ehesten zutrifft. In Elzach beispielsweise ist an den närrischen Tagen buchstäblich der Teufel los; die örtlichen Schuttig gehören mit Sicherheit zum Wildesten, was die alemannische Fasnet zu bieten hat, wohingegen die Bonndorfer Pflumeschlucker sich betont freundlich geben. Auch die Einzelnen erleben die Tage höchst unterschiedlich: Einige nutzen die Gelegenheit zum hemmungslosen Besäufnis, andere pflegen die Riten mit fast heiligem Ernst, viele sehen vom Straßenrand aus zu. Oder man fährt für ein paar Tage in Urlaub …

Bonndorfer Pflumeschlucker ◊
»Plum-eaters« from Bonndorf ◊
Avaleur de prunes à Bonndorf

Fasnetumzüge wie hier in Villingen und Freiburg (rechts Mitte und rechts unten) bieten ein buntes und lebhaftes Bild. ◊ Carnival processions, as here in Villingen (centre, right) and Freiburg (below, right), teem with variety and colour. ◊ Images colorées et animées pour les défilés du carnaval de Villingen et de Fribourg (au milieu à droite et en bas à droite).

In Elzach findet man einen außergewöhnlichen Reichtum an unterschiedlichen Larven. ◊ The Elzach Fasnet musters an uncommonly rich array of different masks. ◊ Masques les plus divers à Elzach.

Feuer – unverzichtbarer Bestandteil fasnächtlichen Treibens. In Elzach werfen die Schuttig am Ende des Fackelumzugs alle Fackeln in ein Feuer, das vom Teufel geschürt wird. Beim Scheibenschlagen, das in den Wochen nach der Fasnet vielerorts stattfindet, werden kleine Holzscheiben im Feuer zum Glühen gebracht und über eine Rampe ins Tal geschleudert. ◊ Fire is an indispensable feature of the Shrovetide antics. At the end of the torch-lit carnival procession in Elzach the Schuttig throw all the torches into a fire stoked by the devil. In many places the »fire-wheel« ritual takes place in the weeks following the Fasnet. Small wooden discs are placed in the fire until they are red-hot and then catapulted down into the valley over a ramp. ◊ Le feu – il fait inévitablement partie du carnaval. Elzach : A la fin du défilé, les Schuttigs jettent tous leurs flambeaux dans un feu attisé par le diable. Pendant les semaines qui suivent le carnaval, on a coutume de porter à incandescence des disques de bois et de les jeter dans la vallée, c'est le « lancer de disques ».

Hohe Niederschläge sind typisch für das Feldberggebiet. Auch die Windräder auf dem Freiburger Roßkopf sollten bei diesem Wetter genug Wind abbekommen. ◊ Abundant precipitation is typical of the area around Feldberg mountain. In this weather the rotors on the Freiburg Roßkopf should also be getting enough wind to keep them turning. ◊ De fortes précipitations sont caractéristiques pour le massif du Feldberg. Les éoliennes du Freiburger Roßkopf reçoivent alors suffisamment de vent.

# HINAUF ZUM HÖCHSTEN

Von Freiburg auf den Feldberg

Blaue Stunde über Freiburgs nördlichen Stadtteilen. Vor dem letzten Lichtstreif zeichnen sich die Silhouetten von Kaiserstuhl und Vogesen ab. ◊ Twilight gathering over the northern districts of Freiburg. The silhouettes of the Kaiserstuhl and the Vosges stand out against the dying embers of the day. ◊ Heure bleue au-dessus des quartiers nord de Fribourg. Avant le dernier rai de lumière, les silhouettes du Kaiserstuhl et des Vosges se dessinent.

Impressionen vom nächtlichen Münsterplatz. Die furchterregenden Wasserspeier an der Südseite des Münsters würdigen den derzeit eingerüsteten Turm keines Blickes. ◊ Impressions of Freiburg's cathedral square by night. The fearsome gargoyles on the southern side of the building have no eyes for the magnificent spire, at present encased in scaffolding. ◊ Impressions nocturnes sur la place de la cathédrale. Sur la face sud, les gargouilles effrayantes ne daignent pas jeter un coup d'œil à la tour couverte d'un échafaudage.

Links oben: Herbststimmung am Schauinsland. Rechts oben: Die Stühlinger Kirche in Freiburg. Links unten: Tiefblick vom Toten Mann zum Stollenbacher Hof. Im Hintergrund öffnet sich das weite Becken des Dreisamtals. ◊ Above, left: Mellow fruitfulness: autumn below the Schauinsland. Above, right: Stühlinger church in Freiburg. Below, left: Low-angle view of the Stollenbach farmstead from Toter Mann mountain. In the background, the expansive basin of Dreisamtal valley. ◊ En haut à gauche : Atmosphère d'automne sur le Schauinsland. En haut à droite : l'église de Stühlingen à Fribourg. En bas à gauche : De l'Homme mort, on a une vue plongeante sur la ferme Stollenbach. A l'arrière plan, s'ouvre le large bassin de la vallée de la Dreisam.

Links: Auf einem kühnen Viadukt überquert die Höllentalbahn die Ravennaschlucht. ◊ Left: A high viaduct takes the Höllental railway across the Ravenna gorge. ◊ A gauche : la voie ferrée de la vallée de l'Enfer franchit la gorge de Ravenne sur un viaduc audacieux.

Zu dem sagenumwobenen »Hirschsprung« scheint sich das Bronzetier über der engsten Stelle des Höllentals doch nicht recht entschließen zu können. ◊ The proud bronze beast on the crest above the narrowest point of Höllental valley seems rather reluctant to hazard the legendary »stag's leap«. ◊ L'animal de bronze qui domine la vallée de l'Enfer à l'endroit le plus étroit – Saut du cerf – ne semble pas se décider à sauter comme le voudrait la légende.

Titisee bei Nacht. ◊ Lake Titisee by night. ◊ Titisee de nuit.

Ruhig und beschaulich gibt sich der Titisee an diesem Herbsttag. Im Hintergrund Seebuck und Feldberggipfel. ◊ Lake Titisee, calm and unruffled on an autumn day. In the background, the Seebuck and the summit of the Feldberg. ◊ Le Titisee prend un air serein et contemplatif en cette journée d'automne. A l'arrière plan, le Seebuck et le sommet du Feldberg.

Weltcupspringen 2007 auf der Neustädter Schanze. ◊ The 2007 world ski-jumping championships on the Neustadt ski-jump. ◊ Coupe du monde 2007 : tremplin de Neustadt.

Die beiden Wahrzeichen von Hinterzarten: der Zwiebelturm der katholischen Kirche und die Mattenschanzen des Adler-Skistadions. ◊ Hinterzarten's two major landmarks, the onion dome of the Catholic church and the mat ski-jumps of the Adler skiing stadium. ◊ Les deux emblèmes de Hinterzarten : le clocher à bulbe de l'église catholique et les tremplins du stade Adler.

Misstrauische Gämse. ◊
Wary mountain goats. ◊
Chamois méfiant.

Der alte Fernsehturm auf dem Seebuck dient seit 2003 als Aussichtsturm. ◊ In 2003 the old television tower on the Seebuck was turned into a look-out tower. ◊ Sur le Seebuck, l'ancienne tour de télévision sert de belvedère depuis 2003.

Blick vom Hinterwaldkopf ins hintere Zastlertal. ◊ View of Zastlertal valley from the Hinterwaldkopf. ◊ Le Zastlertal vu du Hinterwaldkopf.

Der neue Fernsehturm am Feldberggipfel. ◊ The new television tower on the summit of the Feldberg. ◊ Nouvelle tour de télévision au sommet du Feldberg.

Linke Seite: Der Feldsee mit dem angrenzenden Moor und dem Raimartihof. ◊ Opposite: Lake Feldsee with the adjacent moor and the Raimarti farmstead. ◊ Page de gauche: le Feldsee, le marécage voisin et la ferme Raimarti.

In der Hochstaudenflora des Felsenwegs sind immer Schmetterlinge zu Gast, hier an einem Alpendost (Adenostyles alliariae) und einem Alpen-Milchlattich (Cicerbita alpina). In den Flachmooren am Wegesrand ist das Sumpf-Herzblatt (Parnassia palustris, Mitte) zuhause. ◊ The tall forbs of the Felsenweg are a much-favoured haunt for butterflies, seen here perched on adenostyles alliariae and an Alpine blue-sow thistle. The white-flowered grass of Parnassus grows near the pathways through the flat moorland. ◊ Le long du Chemin des Rochers, les plantes de montagne hébergent toujours des papillons: ici sur un adénostyle à feuille d'alliaire et sur un laiteron des Alpes. Dans les marécages qui bordent le chemin, le parnassie des marais est commun.

Diese Raupe tut sich an einem Hasenlattich (Prenanthes purpurea) gütlich. ◊ A caterpillar getting outside a meal of purple lettuce. ◊ Cette chenille savoure un prénanthe pourpre.

Der Sonnentau fängt mit seinen klebrigen Blättern Insekten. Hier Drosera × obovata aus dem Feldseemoor. ◊ The sundew catches insects with its sticky leaves. Here the rare Drosera × obovata in the moorlands near Lake Feldsee. ◊ Avec ses feuilles collantes, la drosère capture des insectes. Ici la Drosera × obovata dans le marécage du Feldsee.

In den Lawinenrinnen an Osterrain und Seebuck können sich die biegsamen Weiden behaupten. ◊ Supple willows last very long on the avalanche runnels of the Osterrain and the Seebuck. ◊ Sur l'Osterrain et le Seebuck, les saules flexibles peuvent survivre sur les couloirs d'avalanches.

Die lange Schneebedeckung am Osterrain unter dem Feldberggipfel ermöglicht das Überleben von Spezialisten wie dem Zwerg-Ruhrkraut (Gnaphalium supinum) oder dem Alpen-Bärlapp (Diphasium alpinum). ◊ The prolonged snow cover on the Osterrain below the peak of the Feldberg creates ideal conditions for survival specialists like dwarf cudweed or Alpine clubmoss. ◊ La couverture neigeuse durant longtemps sur l'Osterrain, au-dessous du sommet du Feldberg, des plantes de montagne peuvent survivre tels le gnaphale nain et le lycopode des Alpes.

Als eine der ersten Pflanzen erscheint Soldanella alpina, das Alpenglöckchen. ◊ One of the first plants to make a showing is the Alpine snowbell. ◊ C'est la soldanelle des Alpes qui apparait la première.

In den Quellmulden des Grüble zeigen sich die ersten Blüten. Im Sommer findet man auf den Weiden die Vertreter der subalpinen Flora, z. B. das Goldfingerkraut (Potentilla aurea, rechts Mitte) oder das seltene Katzenpfötchen (Antennaria dioica). ◊ Early buds making a shy appearance in the valley heads of the Grüble. In summer the meadows bring forth examples of sub-Alpine flora, such as the golden cinquefoil (centre, right) or the rare stoloniferous pussytoes. ◊ Premières fleurs dans les cuvettes du Grüble. En été, on trouve sur ces pâturages des spécimens de la flore subalpine tels la potentille dorée ou le pied de chat plus rare.

Schneeschuhspuren an der Nordseite des Seebucks. ◊ Snowshoe tracks on the northern slopes of the Seebuck. ◊ Traces de raquettes sur le côté nord du Seebuck.

Folgende Doppelseite: Morgendämmerung über dem Seebuck. Nur eine Pistenraupe stört die Illusion vollkommener Einsamkeit. ◊ Overleaf: Only a lone snowcat disturbs the illusion of utter solitude. ◊ Double page suivante : Aube sur le Seebuck. Seule une chenille des neiges trouble l'illusion de parfaite solitude.

# WINTER AM FELDBERG

Im Frühling demonstriert der Feldberg eindrücklich, dass er nicht einfach ein Berg neben anderen im Schwarzwald ist. Weithin leuchtet seine Schneedecke, während selbst auf den Höhen von St. Peter bereits die Kirschbäume zu blühen beginnen. Denn obwohl das Feldbergmassiv sich im Landschaftsrelief nicht spektakulär von seiner Umgebung abhebt, ragt es mit knapp 1500 Metern doch in eine Höhenstufe, an der sonst allenfalls noch das Herzogenhorn und der Belchen kratzen. Die niedrigen Temperaturen und hohen Niederschlagsmengen bedingen einen besonders langen und intensiven Winter. Die gewaltigen Schneemassen lagern sich vor allem auf der Nordostseite ab, wo der über die Gipfelkuppe pfeifende Wind sie zu hohen Wechten auftürmt. Gelegentlich fährt eine Lawine in den Rinnen von Osterrain und Seebuck hinab. Hier bleiben Schneereste zumeist bis Juni, in Extremfällen sogar bis in den August hinein liegen.

Diese vielfach beschriebene Sonderstellung als »subalpine Insel« beschert dem Feldberg aber nicht nur eine in Deutschland außerhalb der Alpen einzigartige Pflanzenwelt, sondern auch seinen zwiespältigen Ruhm als Skiparadies. In der Tat bietet sich hier oft die weit und breit einzige Gelegenheit für Wintersportler, Schnee unter die Bretter zu bekommen. Dann wälzt sich eine Blechlawine den Schwarzwald hinauf, und oberhalb des Feldberger Hofs werden die auch mittels Schneekanonen produzierte Schneedecke und die darunterliegende Vegetation einem harten Belastungstest unterzogen. Dabei ist es nicht immer leicht, die berechtigten Interessen von Naturschutz, Sportlern und ökonomischer Entwicklung der Gemeinden unter einen Hut zu bringen.

Wer allerdings von der Bergstation des Sessellifts in Richtung des »Höchsten«, des eigentlichen Feldberggipfels, geht, lässt sofort das bunte Treiben hinter sich. Hier kann man beispielsweise auf Schneeschuhen Bereiche wie den »Tännlefriedhof« erkunden, die im Sommer zum Schutz gegen Trittschäden gesperrt sind. Schafft man es gar, früh genug aufzustehen und vielleicht vom Rinken her in der Morgendämmerung zum Mittelbuck aufzusteigen, kann man den Feldberg in einer eigentümlichen Stille und Schönheit erleben.

Die mit Kunstschnee präparierte Weltcup-Abfahrt bei Fahl. ◊ Man-made snow on the world championship ski slope near Fahl. ◊ Descente recouverte de neige artificielle pour la coupe du monde près de Fahl.

Die Baldenweger Hütte im ersten Morgenlicht. Im Hintergrund der breite Rücken des Kandelmassivs. ◊ The Baldenweg lodge in the early-morning sun. In the background, the broad ridge of the Kandel massif. ◊ Baldenweger Hütte sous la première lumière du jour. A l'arrière plan, la large croupe du massif du Kandel.

Skibetrieb oberhalb des Feldberger Hofs. ◊ Skiers waiting their turn above the Feldberger Hof hotel. ◊ Sports d'hiver au-dessus du Feldberger Hof.

Eine Insel im brodelnden Nebelmeer: das Herzogenhorn. ◊ Mount Herzogenhorn rears up out of the churning mists. ◊ Une île dans l'ardente mer de brouillard : le Herzogenhorn.

Winterkälte im »Napf«, dem alpin anmutenden Talschluss des St. Wilhelmer Tals. ◊ Bleak midwinter in the »Napf«, the head of St. Wilhelm valley. ◊ Froid d'hiver dans le « Napf », sortie de vallée à l'allure alpine pour le St Wilhelmer Tal.

Blick über die Baldenweger Hütte auf das Baldenweger Köpfle (»Tännlefriedhof«). ◊ View of the Baldenweg ridge (»Tännlefriedhof«). In the foreground, the Baldenweg lodge. ◊ Le Baldenweger Köpfle vu du haut de la Baldenweger Hütte.

Oben: Morgenstimmung am Höchsten. Nahe der Wetterstation verläuft gut sichtbar die Kante der Zastler Wechte. Unten: Wind und Schnee formen bizarre Gestalten. ◊ Above: Dawn breaks over the summit. Below: Wind and snow sculpt bizarre figures. ◊ Impression matinale sur le Höchsten. Vent et neige créent d'étranges silhouettes.

Zwei einsame Bäumchen im Grüble (rechts) und am Mittelbuck (unten). ◊ Lone trees in the Grüble (right) and on the Mittelbuck (below). ◊ Deux petits arbres solitaires dans le Grüble (à droite) et sur le Mittelbuck (en bas).

Abendstimmung an der Kaisersebene oberhalb des Simonswälder Tals. ◊ The evening sky over the Kaisersebene plain above Simonswald valley. ◊ Atmosphère vespérale sur la Kaisersebene en haut de la vallée de Simonswald.

# DER MITTLERE SCHWARZWALD

## Vom Kinzigtal zu den Höhen um Furtwangen

Gäbe es die historische Altstadt von Gengenbach nicht schon, müsste man sie als Kulisse für einen Weihnachtsmarkt erfinden. ◊ If the historical Old Town of Gengenbach did not exist, it would have to be invented as the perfect backdrop for a Christmas market. ◊ Si la vieille ville historique de Gengenbach n'existait pas, il faudrait l'inventer comme décor d'un marché de Noël.

Bei Schenkenzell umfließt die Kinzig den Hügel mit der malerischen Ruine der Schenkenburg. ◊ Near Schenkenzell the river Kinzig flows round the hill topped by the picturesque ruins of Schenkenburg Castle. ◊ Près de Schenkenzell, la Kinzig contourne la colline et la ruine romantique du château de Schenkenburg.

Trachten- und Flößerfest in Wolfach. ◊ Traditional costumes are an indispensable feature of the Rafters' Festival in Wolfach. ◊ Fête des costumes folkloriques et des bateliers à Wolfach.

Gengenbach im Kinzigtal, im Vordergrund das Kloster. ◊ Gengenbach in Kinzigtal valley with the monastery in the foreground. ◊ Vallée de la Kinzig: Gengenbach, au premier plan, le monastère.

Die Triberger Wasserfälle sind durch und durch erschlossen. Abendbesucher genießen freien Eintritt und eine prächtige Illuminierung. ◊ The Triberg waterfalls are fully accessible to the public. Evening visitors enter free of charge and get superb illuminations into the bargain. ◊ Les chutes de Triberg sont complètement aménagée. Les visiteurs du soir bénéficient d'une entrée libre et d'une illumination grandiose.

RE 5197 der Schwarzwaldbahn auf dem Weg von Triberg nach St. Georgen. ◊ Black Forest railway train RE 5197 on its way from Triberg to St. Georgen. ◊ Express régional 5197 de la Schwarzwaldbahn entre Triberg et St Georgen.

Vom Brend oberhalb Furtwangen geht der Blick über das Rheintal zur Kette der Vogesen. ◊ View from the Brend above Furtwangen across the Rhine Valley to the Vosges. ◊ Du Brend, situé au-dessus de Furtwangen, le regard porte de la vallée du Rhin aux Vosges.

Der Brandenkopf bei Zell am Harmersbach bietet einen außergewöhnlichen Rundblick über den mittleren Schwarzwald. ◊ The Brandenkopf near Zell am Harmersbach affords an unusual panoramic view of the central Black Forest. ◊ Près de Zell am Harmersbach, le Brandenkopf offre une vue circulaire inhabituelle sur le centre de la Forêt-Noire.

Jahrelang war er verschwunden, der Stausee an der Linachtalsperre. Nachdem der Kraftwerksbetrieb 1970 eingestellt worden war, wurde der See 1988 abgelassen. Die Staumauer blieb allerdings ihrer besonderen Konstruktion wegen als Kulturdenkmal erhalten. Ab 2005 wurde sie aufwendig saniert, im März 2007 der See aufgestaut. Rechts die Mauer zu Beginn der Wiederaufstauung. ◊ For years the Linachtal reservoir no longer existed. The power station was closed down in 1970 and the water was run off in 1988. Because of its unusual construction the dam was left standing as an industrial monument. In 2005 extensive restoration work began and a new reservoir resulted in March 2007. On the right, the dam in the early stages of reservoir renewal. ◊ Le lac du barrage de la vallée de la Linach avait disparu pendant des années. Après l'arrêt de la centrale hydroélectrique en 1970, on a vidé le lac en 1988. On a cependant conservé le mur du barrage et classé comme monument historique pour sa construction particulière. Il a été restauré à grands frais à partir de 2005. En mars 2007, le lac a été rempli à nouveau. A droite : Le mur au début du remplissage.

Malerische Gehöfte findet man in der Umgebung von Furtwangen und Gütenbach. ◊ Picturesque farmsteads are a common sight near Furtwangen and Gütenbach. ◊ Fermes pittoresques aux environs de Furtwangen et Gütenbach.

Vielerorts dominieren inzwischen Windkraftanlagen im Landschaftsbild. Über das Verhältnis von wirtschaftlichem Nutzen und Verschandelung der Landschaft wird heftig gestritten. ◊

In many places wind machines are a prominent feature of the landscape. The rival claims of economic benefit and nature conservation are the subject of heated debates. ◊

Depuis quelques années, des parcs d'éoliennes dominent un peu partout le paysage. Des discussions animées ont lieu : faut-il privilégier l'intérêt économique ou la protection du paysage ?

Handbemalte Lackschilduhren waren typisch für die Schwarzwälder Uhrenproduktion im 19. Jahrhundert. ◊ Hand-painted clocks with lacquered dials were typical of Black Forest clock production in the 19th century. ◊ Au 19e siècle, ces pendules au cadran laqué peint à la main étaient typiques pour l'industrie horlogère de Forêt-Noire.

Rechte Seite oben: In der Öhlermühle bei Titisee-Neustadt kann eine Werkstatt für historische Uhren besichtigt werden. Rechte Seite unten: Kleiekotzer in der Schwanen-Mühle im Simonswälder Tal. ◊ Opposite, above: Visitors can inspect the historical clock workshop housed in the Öhlermühle mill near Titisee-Neustadt. Opposite, below: Face-shaped bran spout at the Swan mill in Simonswald valley. ◊ Page de droite, en haut : Un atelier d'horloger a été reconstruit dans le moulin-musée Öhlermühle près de Titisee-Neustadt. En bas : « Cracheur de son » à l'intérieur du Schwanen-Mühle dans la vallée de Simonswald.

# ALTES HANDWERK UND GEWERBE

Holz und Wasser, diese beiden Ressourcen stehen im Schwarzwald reichlich zur Verfügung. Das Wasser wurde bereits früh genutzt, um die Getreide- und Sägemühlen anzutreiben, die oftmals zu den Höfen gehörten. Auch als Transportmittel bot es sich an. Vor allem im nördlichen Schwarzwald wurden große Mengen Holz zu teils über 100 Meter langen Flößen zusammengebunden und über Murg, Nagold, Enz, Neckar, Wolfach und Kinzig den Rhein hinunter bis zur Nordsee geschafft. Im Süden, wo die Flößerei weit weniger verbreitet war und nur regionale Bedeutung hatte, fand das Holz bzw. die aus ihm gewonnene Kohle eine andere Verwendung: Es landete in den Eisenhütten und in den Öfen der Glasmacher, die zunächst einfaches Gebrauchsglas für die Klöster herstellten, ihr Handwerk jedoch nach und nach verfeinerten und bald einen begehrten Exportartikel produzierten, den die Glasträger in einem weiten Umkreis zum Verkauf anboten.

Ein anderer »Exportschlager« ist auch heute noch fest mit dem Bild des Schwarzwalds verbunden – die Uhren. Anfangs noch mit Zahnrädern aus Holz und einfachen Blenden versehen, wurden die Schwarzwalduhren später mit Metallwerken und aufwendig bemalten Schilden ausgestattet und durch Träger in weite Teile Europas gebracht. In der Uhrenindustrie fanden viele Bauernsöhne Arbeit, die nicht in der Erbfolge der Höfe standen.

Erwähnenswert ist schließlich auch der Bergbau, in dem vor allem Silber, Blei und Eisenerze gefördert wurden und auf den heute noch viele Flurnamen verweisen. Nicht von ungefähr trug der Schauinsland bei Freiburg früher den Namen »Erzkasten«. Schließlich war der Bau des Münsters nur durch die dortigen Silbervorkommen zu finanzieren. Gewürdigt wird dieser Umstand auch durch ein eigenes Fenster im Freiburger Münster. Von den vielen Gruben, die es im Schwarzwald gab, sind freilich die meisten inzwischen stillgelegt. Etliche sind jedoch als Besucherbergwerke geöffnet und bieten so die Möglichkeit, das Gebirge auch einmal von Innen zu bewundern.

Als Klopfsäge ist die urige Kingenhofsäge im Löffeltal bei Hinterzarten schon von weitem zu hören. Sie klopft aber nur noch zu Vorführzwecken. ◊ The thumping noise made by the all wooden, water-driven saw at Kingenhof farm in Löffeltal valley near Hinterzarten can be heard from a long way off. Today, however, the din is only raised for demonstration purposes. ◊ Dans la vallée Löffeltal près de Hinterzarten, l'antique scie de long de la ferme du Klingenhof s'entend de loin. On ne la met en route que pour les visites guidées.

Die Hilzinger Mühle im Glottertal, eine der ältesten Hofmühlen im Schwarzwald. ◊ The Hitzingen mill in Glottertal valley, one of the oldest farm mills in the Black Forest. ◊ Le Hilzinger Mühle dans la vallée de la Glotter, c'est l'un des plus anciens moulins de ferme en Forêt-Noire.

Räderwerk: Die Mechanik von Mühlen und Uhren ähnelt sich in verblüffender Weise. ◊ Gearwheels: The mechanics of mills and clocks display astonishing similarities. ◊ Roues dentées : Le mécanisme des moulins et celui des pendules ont une incroyable ressemblance.

Die Glasmacher verbrauchten große Mengen Holz, insbesondere für die Gewinnung von Pottasche. Oben die Dorotheenhütte in Wolfach, rechts im Hofgut Sternen im Höllental. ◊ Glassmakers used up vast amounts of wood. Above, the Dorotheenhütte glassworks in Wolfach, on the right, the glassblower's workshop on the premises of the Hofgut Sternen hotel in Höllental valley. ◊ Les verriers utilisaient d'énormes quantités de bois. En haut, la Dorotheenhütte à Wolfach, à droite : la ferme Sternen dans la vallée de l'Enfer.

Flößer auf der Kinzig gibt es nur noch beim Flößerfest, hier in Wolfach. ◊ Lografters are only to be seen on the river Kinzig during the Rafters' Festival, here in Wolfach. ◊ Sur la Kinzig, les bateliers ne se retrouvent que pour leur fête annuelle, ici à Wolfach.

Oben: Ein Besuch der Grube Wenzel bei Wolfach verschafft einen guten Eindruck davon, wie mühselig die Arbeit im Berg gewesen sein muss. ◊ Above: A visit to the Wenzel mine near Wolfach gives a good impression of just how back-breaking the work under ground must have been. ◊ En haut : la visite de la mine Wenzel à Wolfach permet de se rendre compte combien était pénible le métier de mineur.

Oben, unten und rechte Seite: In die Unterwelt des Belchengebiets gelangt man durch das Besucherbergwerk »Teufelsgrund« im Münstertal. ◊ Above, below and opposite: The Teufelsgrund demonstration mine takes visitors down into the nether regions of Münstertal valley. ◊ En haut, en bas et page de droite : Dans la vallée de Münster, la mine « Teufelsgrund » qui n'est plus utilisée que par les visiteurs donne un aperçu du monde souterrain du massif du Belchen.

Gewitterstimmung am Gupfen zwischen Waldshut und Höchenschwand. ◊ Thunder clouds over the Gupfen between Waldshut and the High Black Forest. ◊ Temps d'orage sur le Gupfen entre Waldshut et Höchenschwand.
Rechte Seite: Alles ruht an diesem kalten Dezembermorgen bei Bonndorf. ◊ Opposite: All is tranquil on this cold December morning near Bonndorf. ◊ Page de droite : tout est calme par cette froide matinée de décembre près de Bonndorf.

# IM SÜDOSTEN

Zwischen Wutach und Hochrhein

Der Schluchsee ist ein Paradies für Wassersportler und ein beliebtes Erholungsgebiet. Vom Bildstein aus reicht der Blick fast über den gesamten See. ◊ Lake Schluchsee is ideal for water sports and a popular recreation area. The view from Mount Bildstein encompasses almost the whole of the lake. ◊ Le Schluchsee est un paradis pour les sportifs et un lieu de repos recherché. Du Bildstein, le regard porte sur presque tout le lac.

Gut bewacht ist das Kloster von St. Blasien mit seiner berühmten Kuppel. ◊ Formidable guardians keep watch over St. Blasien monastery and its famous dome. ◊ Le monastère de St Blasien et sa célèbre coupole sont bien gardés.

Der spektakuläre Hauptteil der Wutachschlucht führt durch die hohen Wände des Muschelkalks. ◊ Wutach gorge with its spectacular scenery cuts through high shell limestone cliffs. ◊ La spectaculaire partie principale de la Gorge de la Wutach est située entre les hautes parois de calcaire à coquilles.

Im Wutachgebiet und auf der angrenzenden Baar findet man noch den Frauenschuh. ◊ The lady's-slipper orchid can still be found in the vicinity of the Wutach and on the adjacent Baar plateau. ◊ Sur le terrain de la Wutach et de la Baar toute proche, on trouve encore le sabot de Vénus.

Bergflockenblume, Centaurea montana. ◊ The mountain cornflower. ◊ Bleuet des montagnes.

Die Lothenbachklamm führt noch im Grundgebirge zur Wutachschlucht hinunter. ◊ The Lothenbach rift cuts into the bedrock and leads down to the Wutach gorge. ◊ La gorge du Lothenbach rejoint la gorge de la Wutach.

Alpensicht von Bonndorf aus. In der Bildmitte der Tödi, ganz rechts der Groß Ruchen. Die Panoramaaufnahme unten schließt unmittelbar an. Sie entstand bei Föhn, wenn sich die Alpenkette besonders plastisch abzeichnet. ◊ View of the Alps from Bonndorf, in the centre the mighty Tödi, on the far right the Groß Ruchen. The panorama shot below is the immediate continuation. It was taken in foehn weather when the Alpine peaks stand out with astonishing clarity. ◊ Bonndorf : vue sur les Alpes. Image du haut : le bloc imposant du Tödi. A droite le Groß Ruchen. En bas, la photo panoramique complète cette image vers la droite, elle a été prise un jour de Föhn, quand la chaine des Alpes se découpe nettement.

Bei Löffingen öffnet sich die weite Hochfläche der Baar. Die dortige Wallfahrtskirche »Schneekreuz« bildet an der B 31 stets einen Blickfang. ◊ The wide expanses of the Baar plateau near Löffingen. Drivers on the main road get a striking view of the »Snow Cross« pilgrimage church situated nearby. ◊ Le haut plateau de la Baar commence près de Löffingen. L'église de pèlerinage « Schneekreuz » attire le regard au bord de la B 31.

Eine zauberhafte Stille liegt an diesem Vormittag über dem Windgfällweiher. Das scheint auch die Entenfamilie zu genießen. ◊ The Windgfäll tarn basking in the enchanting tranquillity of a summer morning. The duck family seems to be relishing it just as much. ◊ Un calme merveilleux règne en cette matinée sur l'étang de Windgfäll. Ce que semble apprécier aussi la famille de canards.

Der Windgfällweiher wird über eine Holzrinne vom Schluchsee angezapft. Um diesen aufzustauen, bedurfte es einer Mauer, deren Fuß 40 Meter Dicke erreicht. ◊ Water from Windgfäll tarn is siphoned off to the Schluchsee reservoir through a wooden conduit. The dam required for the reservoir is 40 yards thick at its base. ◊ L'étang Windgfällweiher est relié par une rigole de bois au Schluchsee. Pour remplir celui-ci, il a fallu construire un mur de 40 mètres d'épaisseur à la base.

# VOM SCHLUCHSEE ZUM RHEIN – UND ZURÜCK

Wenn man am beschaulichen Windgfällweiher die Füße im Wasser baumeln lässt, wird man kaum auf den Gedanken kommen, am Rand des größten deutschen Wasserkraftverbundes zu sitzen. Doch tatsächlich ist der auf der Wasserscheide zwischen Donau und Rhein gelegene Weiher Bestandteil des Schluchseewerks. Seit 1930 wird sein Wasser über einen kleinen Kanal dem Schluchsee zugeführt, der 1932 mit der Fertigstellung der 63,5 Meter hohen Staumauer bei Seebrugg zum größten See des Schwarzwalds mit einer Gesamtlänge von 7,5 Kilometern aufgestaut wurde. Hier beginnt eine Kette von Stauseen und Wasserkraftwerken entlang der südöstlichen Abdachung des Schwarzwalds, die gleichsam eine überdimensionale Treppe im Schwarzatal bilden: Vom Schluchsee auf 930 Metern Höhe eilt das Wasser über die Stufen Häusern und Witznau dem gut 600 Meter tiefer gelegenen Hochrhein bei Waldshut zu.

Doch nicht nur hinab führt der Weg des Wassers, sondern oft auch gleich wieder den Schwarzwald hinauf. Die Werksgruppe Schluchsee besteht nämlich aus so genannten Pumpspeicherkraftwerken, die dank ihrer hohen Flexibilität tages- und jahreszeitlich bedingte Schwankungen des Strombedarfs ausgleichen können. Zu nachtschlafender Zeit und an Wochenenden pumpen sie Wasser mit günstigem Niedriglaststrom in ein höher gelegenes Reservoir, das Oberbecken. Die dadurch im Wasser gespeicherte Energie lässt sich dann während Bedarfsspitzen – etwa wenn sich in der Halbzeitpause eines Länderspiels Millionen von Kühlschranktüren gleichzeitig öffnen – innerhalb von Minuten in lukrativen Spitzenstrom zurückverwandeln.

Von dieser wundersamen Metamorphose, der so genannten Stromveredelung, ist allerdings nur wenig zu sehen, sie findet diskret in unterirdischen Druckstollen und massiven Stahlrohrleitungen statt. Da lässt einen der Blick vom Wehr des Rheinkraftwerks Albbruck-Dogern in die tosende Gischt die elementare Kraft fallenden Wassers schon eher erspüren. Als natürliches Unterbecken des Kraftwerks Waldshut bildet hier der Rhein selbst das letzte Glied in der Kette des Schluchseewerks. Wenn Sie also das nächste Mal am Schluchsee die Füße im Wasser baumeln lassen, dann denken Sie daran, dass es sich zu einem guten Teil um Rheinwasser handelt.

Beim Kraftwerk Häusern am Stausee Schwarzabruck wird das Prinzip des Pumpspeicherkraftwerks unmittelbar anschaulich. Man ahnt etwas von dem ungeheuren Druck, den das Wasser am Ende der beiden mächtigen Stahlrohrleitungen auf die Turbine ausübt – und der umgekehrt erzeugt werden muss, um es den Hang wieder hinaufzupumpen. ◊ The Häusern power plant on the Schwarzabruck reservoir provides an especially graphic illustration of the principle behind pumped-storage power stations. Here we get an impression of the immense pressure exerted on the turbines at the end of the two colossal steel conduit pipes – and the pressure needed to pump the water back uphill again. ◊ La centrale hydroélectrique de Häusern sur le lac de barrage Schwarzabruck met le principe de la centrale à pompage en évidence. On imagine l'énorme pression qu'exerce l'eau sur la turbine au bout des deux puissantes conduites forcées et par conséquent de celle qui est nécessaire pour pomper l'eau vers le haut.

Aus Platzmangel wurde das an eine aufgelaufene Fähre erinnernde Kraftwerk Witznau direkt auf der Staumauer des idyllischen Witznaubeckens errichtet. ◊ For reasons of space the Witznau power station, reminiscent of a stranded ferryboat, was constructed right on top of the dam shoring up the idyllic Witznau reservoir. ◊ Par manque de place, la centrale de Witznau qui ressemble à un ferry échoué, a été édifiée directement sur le mur de barrage de l'idyllique lac de Witznau.

Unten: Wasserkraft am Wehr in Albbruck-Dogern. ◊ Below: Water power at the Albbruck-Dogern weir. ◊ En bas : Puissance de l'eau au barrage d'Albbruck-Dogern.

Linke Seite: Im Vergleich zum Laufwasserkraftwerk Albbruck-Dogern und dem Kernkraftwerk Leibstadt wirkt das Pumpspeicherkraftwerk Waldshut in der Bildmitte eher unscheinbar. Doch wird hier nicht nur das aus dem Schluchsee abgeleitete Wasser zum letzten Mal verstromt, sondern auch jede Menge Wasser aus dem Rhein gesaugt – insbesondere im Frühsommer, wenn der Schluchsee mit dem Schmelzwasser aus den Alpen aufgefüllt wird. ◊ Opposite: In comparison with the Albbruck-Dogern power plant or the Leibstadt nuclear power station, the Waldshut pumped-storage power plant may initially appear unremarkable. But here the water from the Schluchsee reservoir is not only converted into electricity for the last time, the plant also deals with vast amounts of water from the Rhine, particularly in early summer when Lake Schluchsee is swelled by the snow water from the Alps. ◊ Page de gauche : Comparée à la centrale hydraulique d'Albbruck-Dogern et à la centrale nucléaire de Leibstadt, la centrale à pompage de Waldshut au centre de la photo, a un air plutôt effacé. Et pourtant, elle sert non seulement à retransformer en électricité l'eau provenant du Schluchsee, mais aussi à pomper de grandes quantités d'eau du Rhin – en particulier au début de l'été, quand on remplit le Schluchsee avec l'eau de fonte des neiges des Alpes.

Im Aubecken bei Dogern kommt das Wasser zur Ruhe. ◊ In the Aubecken the water returns to its tranquil state. ◊ L'eau retrouve le calme dans le bassin de l'Au.

# DIE WUTACHFLÜHEN

Wenige Kilometer unterhalb des Ausgangs der Hauptschlucht beschreibt der Lauf der Wutach einen abrupten Knick. Der Fluss, der ehemals als Quellfluss der Donau zwischen Eichberg und Buchberg hindurch in östlicher Richtung weiterfloss, verlegte sich an dieser Stelle selbst durch aus dem Hochschwarzwald mitgeführte Schotter sein Bett, sodass sein Wasser nach Süden hin zum Rhein überlief und fortan nicht mehr ins Schwarze Meer, sondern in die Nordsee mündete.

Erst durch diesen Vorgang, der sich während der letzten Eiszeit ereignete, kam es zur Ausbildung der heutigen Schlucht. Bedingt durch das starke Ge-

In den Flühen hat die Wutach eine tiefe Kerbe in das Bonndorfer Muschelkalkhochland gegraben. ◊ The flume is a deep ravine gouged by the Wutach into the shell limestone highlands near Bonndorf. ◊ La Wutach a creusé un sillon profond dans le plateau de calcaire à coquilles de Bonndorf.

fälle zum Rhein hinunter schnitt sich die Wutach tief in den Untergrund ein, ein Prozess, der auch heute noch nicht abgeschlossen ist. Im Gebiet unterhalb des Ablenkungsknies, den sogenannten »Wutachflühen«, hat sie dabei aus dem dort anstehenden Muschelkalk hohe Felswände entstehen lassen. Besonders reizvoll ist dieser Teil der Schlucht im zeitigen Frühjahr, wenn unzählige Märzenbecher die bemoosten Felsen und umgestürzten Baumstämme in einen Märchenwald verwandeln. Zu dieser Jahreszeit findet man auch den leuchtenden »Zinnoberroten Kelchbecherling«, Seidelbast und mit etwas Glück das seltene Hügelveilchen. Über den nahezu unberührten Wald wacht ein löwenähnliches Ungeheuer, dem man am oberen Flüheweg begegnen kann.

Linke Seite: Tobel am oberen Flüheweg. ◊ Opposite: Crevasse near the upper path through the flume. ◊ Page de gauche : Ravin le long du chemin supérieur des gorges.

Frühling in den Flühen, mit Märzenbechern (Leucojum vernum, unten) und Zinnoberrotem Kelchbecherling (Sarcoscypha coccinea). ◊ Spring in the flume with spring snowflakes (below) and scarlet elf cup (sarcoscypha coccinea) ◊ Printemps dans les gorges : nivéoles, en bas et pézize coccinée en haut.

Impressionen aus der Schlucht. ◊ Impressions of the gorge. ◊ Impressions des gorges.

Über 200 Millionen Jahre sind die Ablagerungen alt, aus denen die Felswände der Flühen aufgebaut sind. ◊ The sediments forming the rock walls of the flume are 200 million years old. ◊ Les sédiments qui composent les parois des gorges ont 200 millions d'années.

Nachts erwacht er zum Leben und streift durch die Schlucht … ◊ By night this fearsome creature awakes to roam the gorge … ◊ La nuit, il se réveille et hante les gorges.

# SNOWSHOES, PRECISION MECHANICS AND CELTIC CALENDARS

## Stories from the Black Forest

Have you ever seen anyone skiing in the Telemark style? If you have, you'll probably have noted, perhaps with a degree of surprise, that it flies in the face of more or less everything your skiing teacher tried to drum into you when you first attempted to negotiate a snowy slope without ending up on your hind quarters. Telemark skiers stand bolt upright, execute turns with their skis staggered and use the big pole they carry for braking and steering. In the late 19th century, when people in the Black Forest first ventured out on skis (still called "snowshoes" at the time), Telemark was the prevalent style used by those daring pioneers skimming down the slopes of the Feldberg or the Schauinsland.

Skis were first invented in Norway and there is little record of them being used in Germany until the late 19th century. Instead, people used sledges to get around in the winter, or else snow "tyres" strapped under their boots. But in 1888 one Dr. Tholus, a country physician living in Todtnau, came across a newspaper advertisement prizing "Norwegian snowshoes". He ordered a pair, thinking they might get him to his patients a bit faster when there was snow on the ground. But his initial enthusiasm was soon dampened. After a number of painful pratfalls the skis ended up in the attic, and there they stayed for the next three years. Sitting in a Todtnau inn in January 1891, Tholus overheard a conversation between company officer Fritz Breuer and manufacturer Carl Thoma. They had both been reading Fridtjof Nansen's book *Across Greenland on Snowshoes*. What, they asked themselves, did the snowshoes Nansen referred to actually look like? Dr. Tholus butted in to the conversation and told the two men about the skis in his attic. Brenner and Thoma were intrigued and asked whether they might try them out.

It was the carnival season at the time and when they first set out on their new skis they were greeted with a great deal of ribaldry. The people in Todtnau thought it was some kind of prank. But around the same time, on the other side of Feldberg mountain, a French consul was battling his way up the snowy slopes on his snowshoes. The onlookers at the top of the mountain were astonished by the consul's feat. The name of this adventurous pioneer was Dr. Pilet. He had learned to ski in Iceland and on one of his outings in the Black Forest he happened to encounter Breuer and Thoma. At last the two would-be skiers had found someone who could really show them the ropes.

In the same year Breuer and Thoma founded the Todtnau Skiing Club. It was not only the first of its kind in the Black Forest but the only one anywhere in Germany. Long before the Alps advanced to the status of the No. 1 European skiing region, skiers had become almost a commonplace sight in the Black Forest.

But why the "Black" Forest? Was it the serried ranks of its conifers that made it appear so gloomy, whatever the season? Or was it the steep dark valleys with sinister-sounding names like *Hexenloch* (Witches' Hole) or *Höllental* (Hell Valley) that gave this mountainous region its name?

Back in the Roman age the Black Forest was not nearly so black as it is today. True, it was already a thick, impenetrable jungle of beeches and firs but the spruces that dominate the scene today were much less in evidence. But the Romans had already razed almost all the woods in Italy to the ground, and for them it was still sinister enough. And the fact that, apart from a few robbers, it was entirely uninhabited did not make it any more inviting.

In the early 19th century the Black Forest was no longer a forest at all, just a rather dreary, treeless mountain zone. This was the result of centuries of deforestation. Ever since the first settlers staked their claims back in the Middle Ages and started building houses and making the region arable, everyone coming to live there had simply cut down the trees that were in their way without a thought for the consequences. The most valuable timber was transported down into the valleys via streams, rivers and waterslides. There they were roped together to form huge log-rafts often over a hundred yards long and finally ended up in the Rhine. Then they were shipped off downstream to the Dutch shipyards, where the Black Forest tree-trunks were coveted ship-building material.

But most of the trees were not in fact fashioned into planks and masts on proud vessels ploughing through the waves en route for India. They ended up on the wood piles of the charcoal burners. The smelting of ore from the Black Forest mines required vast amounts of charcoal, as did the many glassworks that had sprung up owing to the high-quality quartz sand available in the area. For centuries charcoal burning was one of the most important industries on the increasingly treeless slopes of what had once been a dark and gloomy forest.

In the early 19th century the woods had almost entirely disappeared. Gradually wiser counsels prevailed, resulting in the first systematic reforestation scheme. New trees were needed and the whole process had to take place as quickly as possible. Fast-growing spruce trees were ideal for the purpose. But the reforestation drive in the 19th century was as nothing compared to the one that set in after the First World War, when large areas of the woods had again been cut down, this time as reparation for the victorious French. So it was only in the 1920s that the forest took on the appearance that we consider typical of it today.

Dark spruces swaying in the wind with isolated sunbeams penetrating through the gloom and dappling the forest floor with dancing flecks of light, steep slopes with ancient farms huddling against the face of the rock, their huge roofs reaching down almost to the ground like gigantic tortoises, their inhabitants decked out in outlandish regional costumes like figures from a bygone age – no other medium has defined the image of the Black Forest as indelibly as the post-war film. In 1950 the colour film "Black Forest Girl" by Hans Deppe hit the cinemas. In the youthful German republic it triggered a mighty upsurge of interest in the Black Forest. Suddenly everyone wanted to see the countryside around St. Peter, which was the location of this sylvan epic. Film producers recognised the potential of the region and churned out one film after another set in the Black Forest. The television series *Forellenhof* (Trout Farm, 1965) had people glued to their TV sets. It was followed 20 years later by the biggest success of them all, "Black Forest Clinic". 550 million people in 38 countries saw the TV series starring Klausjürgen Wussow as Professor Brinkmann.

Hardly any other development has left such an indelible imprint on the recent history of the Black Forest as the growth of tourism. Around the middle of the 19th century, affluent city-dwellers discovered the charms of the mountains as a place to spend their summer holidays. From June to September they would escape from the hurly-burly of urban life and ensconce themselves in a hotel way up in the hills. The locals referred to these holiday-makers rather contemptuously as "fresh-air freaks", strange individuals wandering aimlessly through the landscape or passing the time with such fruitless occupations as reading or lengthy conversations on the veranda. But they were still a welcome source of income for the inhabitants of the Black Forest. Economically, the region had hit an all-time low. Deforestation had left its mark and the newly planted trees were nowhere near big enough to be cut down. The life of a Black Forest mountain farmer had always been tough. The steep fields on the slopes were hard to manage, the winters were too long, the summers too short. The long and arduous routes down to the markets in the Rhine valley were another problem. Many farmers gave up in disgust and moved elsewhere.

Today it is hard for us to imagine how austere life on a mountain farm could be. We may perhaps get an inkling by visiting the Vogtsbauernhof farm, one of Germany's oldest open-air museums. But do not be fooled by those cosy tiled stoves, living-room altars, bobbled hats and the delicious smell of smoked ham! Normally only one room in the house was heated, shoes were a luxury and even the children had to share in the daily grind, which left them hardly any time for recreation.

When the first "fresh-air freaks" arrived in the Black Forest, many of the farmers cottoned on to the fact that this was their big chance. There was money to be made by letting rooms and providing liquid refreshment for these thirsty visitors. Boarding houses and inns sprang up all over the place. One of them was the Feldberger Hof, which dates back to 1884. From the outset its owners, brother and sister Carl and Fanny Meyer, were supremely adroit at luring guests to their establishment, perched on a hillside 4,500 feet above sea level. They hit on the idea of having skis made specially for their winter guests and the tourists flocked there in droves. The Feldberger Hof went from strength to strength. After a series of new extensions the old guest house finally had to make way for a serviceable but rather dour new building. Today visitors to the Feldberg are confronted by a huge faceless concrete hotel. The romantic charm of the old mountain *Gasthof* has gone for good.

The real breakthrough for Black Forest tourism came with the advent of the railway. In 1873 the Baden Black Forest line was opened, extending from Offenburg to Singen. Today it is still generally acknowledged to be one of the most spectacular railway lines anywhere in Europe. From Hornberg to St. Georgen the trains have to cope with a gradient of 1,300 feet and negotiate 39 tunnels in the process, a masterpiece of engineering and a symbol of the pride and single-mindedness (not to say cussedness) of the inhabitants of Baden. After all, it would have been much easier to route at least part of the track through Württemberg territory, but for the people of Baden this was never a serious option. Accordingly the planners had no choice but to cut the railway track through the mountain recesses of Baden, erecting galleries and dams, driving tunnels through the hillsides and even building a viaduct for the purpose.

The construction of the Höllental railway was another audacious project. The trains had to overcome a gradient of 1,900 feet between Freiburg and Hinterzarten. The steepest part is between Himmelreich and Hinterzarten and it is here that we find the Ravenna bridge, one end of which is 36 feet higher than the other. But all this was effort well spent. The railway revitalised the economically ailing hinterland and brought many more tourists to the Black Forest mountains. From then on the names Höllental, Hinterzarten and Titisee stood for healthy air and excellent accommodation.

Long before holiday-makers started peopling the Black Forest roads and boarding houses another line of business had developed for which the Black Forest is famous: clock-making. In the late 17th century farmers in the region began making clocks to keep themselves occupied during the long winters and earn a little money on the side. It is quite likely that glass-carriers taking Black Forest glass as far afield as Italy brought clocks back with them on the return journey and showed them to the farmers. As the farmers had no money to spend on expensive metals they resorted to the material available right on their doorstep: wood. Casings, spindles, cogs and clock hands were all carved out of the local wood supplies. The law of primogeniture meant that younger sons had no chance of inheriting the family farm, so they ended up making a full-scale living out of what was initially an additional source of income. Some of them specialised in individual components, among them the "sign painters" who turned the decoration of clock fronts and clock faces into a fine art.

The finished clocks were taken all over Europe by clock-carriers and sold. Black Forest clocks were in demand as far away as Russia and even had their aficionados in the Near East. The pace of life was speeding up and the demand for clocks mushroomed accordingly. More and more people took up clock-making as a profession. In 1850 Gütenbach, a village with only 833 inhabitants, boasted 96 clock-makers, 10 clock-case manufacturers, 16 clock decorators and 61 clock dealers. In the 19th century the small family clock-making businesses gradually turned into major enterprises and in 1850 Germany's first clock-making school was established in Furtwangen.

Many people think the cuckoo clock to be the epitome of Black Forest clock-making. But this is not entirely true. Cuckoo clocks have always been more of a side-line. We do not know exactly when the first wooden cuckoo shot out of its hidey-hole to announce the passing of another hour. The inventor may have been Franz Ketterer, who lived and worked in Schönwald around 1740. The biggest cuckoo clock ever was built by Josef Dold in 1981. It takes up the whole side of a house in the village of Schonach and the clock face has a diameter of 1.65 metres. The all-wooden workings inside the clock also repay closer inspection, some of the cogs being as large as 5 ½ feet across.

The Black Forest is a region renowned for fine handicrafts and precision mechanics. Did you have a model railway when you were young? Then you'll certainly remember those snazzy little replicas of buildings that you had to glue together before positioning them in the landscape around the tracks. In Germany they're called "Faller houses" and the name commemorates another Black Forest success story. Shortly after the Second World War, the two farmers' sons Edwin and Hermann Faller from Gütenbach put their heads together to figure out how they could make a living for themselves. Finally Hermann Faller had a brainwave. He remembered the miniature farmyard he once built for his sister Ursula. Was that the solution? Toys that children could put together themselves, building blocks to make little houses out of, puzzles made of wood? Soon a number of rooms in their parents' farm had been converted into a production site for children's toys.

In the early 1950s the two brothers identified the market niche that was to establish the reputation of their enterprise from then on: accessories for model railways. Trees, signal boxes, stations, wind- and water-mills, all made from natural materials. Most of the models for their houses were taken from the region in and around the Black Forest. But one of them came from a little further away, the canton of Ticino in Switzerland. As they got more prosperous, the Fallers discovered the charms of travel. On a trip to Lake Maggiore in the early 1960s, Hermann Faller chanced upon a small but very smart little villa built entirely in the fashionable style of the period. Hermann Faller fell in love with the house and said to himself: "That's the kind of house I'd like to live in one day." As his financial resources weren't up to it, he decided at least to extend his range of toy houses with a model of the villa. It sold like hot cakes. Three years later Hermann Faller was wealthy enough to afford his dream house. Today the life-size replica of the toy villa lords it high up above Gütenbach village. If the trees in front of the house were still as small as they originally were, one could emulate Hermann Faller and look down on the company premises from the balcony and then let one's eyes roam further into the Simonswald valley and out and away to the Rhine plain in the far distance.

Three thousand years ago there were Celts living in the region, not exactly in the Black Forest but nearby in the neighbouring Rhine valley. They too were highly gifted precision craftsmen, though on a cosmic rather than a miniature scale. They were particularly intrigued by one peak in the Black Forest, which they declared to be a holy mountain – the 4,500-foot Belchen, not far from Münstertal valley. If you are familiar with the Swiss Jura you will know that there's another Belchen there as well. And if you appreciate the culinary wizardry of the Alsace region then you will almost certainly have come across one of the three "Ballons": the Ballon d'Alsace, the Petit Ballon and the Grand Ballon. Like the two Belchens their names all come from the same source, the Celtic sun god Belenus (or Belacus). A few years ago a retired teacher and a young academic made an astounding discovery. All these five peaks together constitute a gigantic observatory with which one can measure the beginning of the seasons in the calendar. If you stand on the 4,700-foot Ballon d'Alsace on the equinoxes of 21 March and 23 September and look east, you will see the sun rise right over the Black Forest Belchen. On 22 December this magnificent spectacle repeats itself over the Swiss Belchen and on 21 June over the Petit Ballon. Sunrise over the peak of the Grand Ballon on 1 May marks the beginning of an old Celtic holy day. Unfortunately no archaeological traces have yet been found on the Ballon d'Alsace or the other four mountains. But anyone watching the sun rise over the Black Forest Belchen will hardly be able to resist the magic of the place and will readily understand why the poet Johann Peter Hebel once referred to the Belchen as "the first stop between earth and heaven".

Belchen, Feldberg, Schauinsland, Kandel, Blauen. There are any number of impressive peaks in the Black Forest, not to mention the fascinating gorges and waterfalls. You may already have stood before the Triberg waterfall and marvelled at the sight of the water cascading down into the valley. Even more impressive, wilder and less overrun by tourists, is the Wutach gorge near Bonndorf. If you have a penchant for looming cliffs, raging rapids and forbidding castle ruins steeped in legend and if you enjoy taking the time to look out for rare flora and fauna, then you really should take a walk along part of this 30-kilometre gorge.

The Wutach gorge is unique in Baden-Württemberg. The water implacably eats its way deeper and deeper into the rock, winds its way in narrow bends through the steep shell-limestone crags and frequently causes landslides. This is a landscape in constant motion. Anyone who has experienced the Wutach during a flood will know where it gets its name from – *Wut* in German means "rage". Near its source in the Feldberg mountains the river is harmless and shallow. Here it is called Gutach. Only when it joins the Haslach does it turn into a fearsome, torrential body of water. In its course it cuts into almost all the layers of stone to be found in South West Germany, Black Forest gneiss and granite, mottled sandstone, shell limestone, Keuper formations and the layers of Lias and Dogger in the Jura – a crash course in geology. But this canyon-like gorge is also a paradise for rare fauna. Bats nest in the caves, after the rain you come across salamanders on the damp ground and if you're really lucky you may spot a kingfisher perched on one of the rocks.

In the Wutach valley one frequently comes across traces of human settlements. Not only the small castle ruins or the remnants of old watermills bear testimony to the people who once lived here but also the foundations of the once famous spa in Bad Boll. First mentioned in 1609, the spa was converted into an opulent hotel by the English Fishing Club in 1900 and became a Mecca for trout fanciers. The hotel totted up over 12,000 overnight stays a year. But in the early 1970s its fortunes took a nosedive. A fire destroyed part of the building in 1975 and in the following years the premises were torn down. Today, only a ruined chapel and a few trees in the overgrown avenue recall the glory of the spa on the Wutach.

Conservationists take anything but a dim view of this withdrawal of the human element from the Wutach gorge. This way, they say, nature has a better chance of recuperating and serving as a refuge for threatened species. But visitors are still welcome. Tourism and conservation both have their own legitimate claims and they don't necessarily have to cancel each other out. This is the view taken by Stefan Büchner from the nature reserve up on the Feldberg. "How can we get people interested in nature if we refuse to let them in?" he asks. "Keep Out" notices get people's backs up rather than heightening their awareness. Accordingly, a number of signposted paths lead through ecologically sensitive zones. Those who want more detailed information can join one of the guided tours organised by the nature reserve. In the House of Nature opened in 2001 there is much to be learned about the Black Forest as a habitat and the impact of human agency on nature over thousands of years, without which these mountains would look very different indeed.

But ever since one tempestuous December day not so long ago, nature has been left to its own devices on a number of Black Forest slopes. Over the Christmas holiday in 1999, hurricane Lothar left a trail of havoc, felling over 40,000 hectares of coniferous forest. For the owners this was a financial disaster, but for nature itself the prospects are much less bleak than one might suppose. In future a mixed forest will be rearing its head again on two-thirds of the area devastated by the hurricane. At Schliffkopf and Ruhestein on the Black Forest High Road the spruces were just left to lie where they fell and the forest will have the chance to recover at its own pace. Who knows? Perhaps one day another jungle will grow here resembling the one the early inhabitants respectfully called the Black Forest.

Christopher Paul

## HURRICANE HAVOC

When the anemometer of Feldberg weather station was blasted out of action by a pile-driver squall at noon on Boxing Day 1999, the last wind velocity it had registered – 133 miles per hour – was already an all-time record. But hurricane Lothar was yet to achieve maximum clout and really make its mark on the face of the Black Forest. In the space of only a few hours, more than twice as many trees were snapped or toppled as are normally felled in Baden-Württemberg – the German state hit hardest by the hurricane – in the course of a whole year. From the Black Forest High Road the extent of the damage done to the northern part of the Black Forest is excruciatingly apparent. About half way between Lake Mummelsee and Ruhestein Pass, the almost completely denuded Altsteigerskopf ridge is a gruesome sight indeed.

Only a few miles further on, to the south of the Schliffkopf elevation, no attempt has been made to remedy the havoc created by the hurricane across a windthrow area measuring some 10 hectares. Instead, this former stretch of woods is now the site of an 800-metre forest education trail that has rapidly turned into a genuine crowd-puller. Some 50,000 visitors come here every year to negotiate an intricate system of stiles, ladders and bridges taking them through, over and sometimes under a mind-boggling jungle of upended trees and bizarre root-plates. But this experience not only brings home to the beholder the frightening destructive power a hurricane can muster. As in an outdoor laboratory it also demonstrates how the vegetation has recovered without the assistance of human agency. And seasoned hikers relishing the spectacular new views of the Rhine Valley opened up by the passage of the freak winds have long since realised that Lothar's impact on the Black Forest was not an entirely unmitigated disaster.

## THE CHARCOAL-BURNER

Not so long ago, the charcoal-burners almost managed to entirely denude the Black Forest of its trees. They seized on all the logs not transported downriver by the raftsmen and charred them to produce the high-carbon residue urgently required by the local industries. Charcoal was used in smelting the ores extracted from the local mines and high-quality fuel of this kind was also very much in demand with the local glassblowers. Hardwoods like beech were the materials of choice as the resulting charcoal was better in quality. This made charcoal-burning a major factor contributing to the present-day dominance of spruce in the Black Forest, which was originally a mixed forest. Charcoal stacks and kilns were scattered all over the woods and a significant number of field names bear testimony to their ubiquity. If you scratch the surface of the forest floor at a conspicuously level point, you may well unearth an old piece of charcoal. Once all the bituminous coal had been extracted, charcoal-burning in the Black Forest soon became a thing of the past.

Siegfried Riesterer is one of the few remaining practitioners of this ancient trade, the art of stacking and covering an immense amount of logs so that aeration and temperature are ideally regulated. Several times a year, aided and abetted by his family, Riesterer sets up his charcoal stack in a remote corner of his native Münstertal valley. Once ignited, the stack requires scrupulous care and surveillance, including night watches to guard against flare-up. As a protection against rain Riesterer has built a roof over the stack through which surplus heat and smoke can disperse safely.

Today, of course, charcoal-burning can hardly be anything more than a subsidiary source of income for out-and-out idealists. So when Siegfried Riesterer puts his wheelbarrow and watering-cans away in the shed for the last time, it will be interesting to see whether anyone will be prepared to perpetuate this unusual family tradition and carry on in his footsteps as the charcoal-burner of Münstertal Valley.

## ROCKS

Plunging ravines, sun-drenched crags with highly specialised plants defying the dry heat, mossy boulders washed by river water and forming bizarre ensembles in the woods. Rocks are a ubiquitous feature of the Black Forest. But they are also a great deal more than that. On closer inspection they have a lot to tell us about the way this landscape has evolved over millions of years.

If you stand on the lower bank of Lake Feldsee and contemplate the huge block of stone that obviously originates from the opposite rock wall, then you may very well ask yourself what colossal forces were able to drag it so far. In this case the "prime mover" was a glacier, without which the cirque of Lake Feldsee would never have evolved in the first place. Just how powerful the masses of ice in the southern Black Forest must have been is illustrated by the position of the erratic 180-ton boulder in Schönau, 500 feet above the floor of Wiesental valley. Rocks bear witness to the glaciation of the Black Forest in the Ice Age on a very much smaller scale as well. Geologists have identified unspectacular scratches on the rock face as striations cut into the stone by glacial debris.

The shapes and colours of the rock tell us a great deal about the geological substratum. In the southern Black Forest this consists largely of bedrock gneiss and granite, which has been liberated by erosion from the sedimentary stones of the overlying rock cover during the gradual elevation of the Black Forest, a process taking millions of years. Further north a covering layer of Bunter sandstone has been preserved, which we also find on the gentle slopes of the eastern Black Forest. There are an abundance of special forms as well, like the porphyry corridor of the little robbers' castle in the Wutach gorge or the Battert massif near Baden-Baden, the product of primeval sedimentation and a favourite destination for climbers when the weather is fine.

## SHROVETIDE SHENANIGANS

In February or early March, forty days before Easter Sunday, quite a number of Black Forest communities go seriously crazy for a week or so. Outlandish, gruesome figures stalk the streets, witches, devils and jesters caper around clad in the strangest costumes. The Shrovetide carnival season (*Fasnet*) is upon us, completely upending both public and private life for the space of a few days. Some may resent the ructions caused by these shenanigans but they are impossible to ignore. And for many of the locals this period of less than a week is still the highpoint of the year. They have spent months rehearsing for the processions and working on their carnival costumes and masks. Now the time has come to enter the fray, forgetting their everyday duties as bank clerks or shop assistants, roaring through the streets night and day and finally, at midnight on Shrove Tuesday, crowding round the bonfire that marks the end of all this madness and ceremonially bewailing the demise of the carnival season with all the lung-power they can muster.

This peculiar behaviour takes forms that are as diverse as the masks sported by the participants. Every community believes that theirs is the only true way to celebrate *Fasnet.* Some towns go in for folkloristic events or model their activities on the Rhenish carnival, while other communities can look back on century-old traditions that come nearest to the quaint customs described above. In Elzach, for example, the excesses are literally diabolical and their local *Schuttig* jesters are among the fiercest the Black Forest carnival has to offer. By contrast, the *Pflumeschlucker* (plum-swallowers) of Bonndorf are the acme of amiable bonhomie. Reactions to these goings-on also vary widely. Some take advantage of the carnival to get roaring drunk every night, some observe the rituals with almost religious zeal, many just line the streets and watch. Others spend a long weekend somewhere else and only come back when the whole business is over.

## THE FELDBERG IN WINTER

In the spring the Feldberg impressively demonstrates that it is not just another mountain in the Black Forest. Its snow cap shines out startlingly white at a time when even on the upper slopes of St. Peter the cherry-trees are already starting to blossom. While the Feldberg massif does not stand out spectacularly from other peaks in the surrounding landscape, at just under 1,500 metres its dimensions put it in a league where only the Herzogenhorn and the Belchen can even start to compete. Low temperatures and high precipitation make for a particularly long and intense winter. Colossal masses of snow pile up awesomely on the north-east face above all, where the wind whirling in over the summit whips it up into mighty cornices. Occasionally an avalanche will go hurtling down the slopes of Osterrain and Seebuck. Here the last of the snow regularly holds out till June, in exceptional cases even until August. The Feldberg's special status – frequently referred to as that of a "sub-Alpine island" – has not only bestowed on it a flora unique in all Germany (except in the Alps) but also its ambivalent reputation as a skiing paradise.

For winter-sport enthusiasts the Feldberg is frequently the only opportunity for hundreds of miles around to get some snow under their skis. Endless convoys of cars go winding up the Black Forest roads, and up above the Feldberger Hof hotel the snow cover (some of it produced by snow cannons) and the underlying vegetation are subjected to a tough endurance test. Here it is not always easy to reconcile the justified interests of conservationists, sports enthusiasts and community developers.

But once you get to the mountain station of the chair lift and set off on foot for the topmost peak of the Feldberg, then you immediately leave all the hubbub behind. With snowshoes you can explore areas like the "Tännlefriedhof" that are cordoned off in the summer to prevent tramping damage. And if you manage to get up early enough to ascend the Mittelbuck in the tranquil early morning hours, starting say from Rinken, you can admire the beauties of this noble mountain undisturbed.

## TRADITIONAL INDUSTRIES

In the Black Forest two natural resources are available in great abundance: wood and water. Early on in the industrial age, water was used to operate the corn-mills and sawmills that in many cases were integral features of the farms. It was equally indispensable for transportation purposes. In the northerly reaches of the Black Forest, huge amounts of logs were bound together to form rafts frequently over 100 yards long, which went coursing down the Rhine to the North Sea after passing through the local rivers – Murg, Nagold, Enz, Neckar, Wolfach and Kinzig. In the south, timber rafting was much less widespread, its significance purely regional. Here the wood – or the charcoal made from it – was pressed into service in other ways, much of it ending up in the kilns of the glassmakers. Initially, these artisans restricted their activities to the manufacture of utility glass for the local monasteries. Later, however, they refined their skills and began producing much sought-after export articles sold a great deal further afield by professional glass-carriers.

Another hugely successful export commodity is still closely associated with the image of the Black Forest today – clocks. Originally made with wooden cogs and rudimentary facings, Black Forest clocks were later equipped with metal workings and lavishly decorated with ornamental casings. Their reputation for accuracy and attractiveness soon spread all over Europe. Many farmers' sons too far down the line of succession to have any hopes of inheriting the family farm left home and found work in the clock industry.

Mining was also an important local industry and many field names bear witness to the fact. The main resources extracted by the miners were silver, lead and iron ores. It is no coincidence that Schauinsland mountain near Freiburg was originally called "*Erzkasten*" (literally: "ore chest"). The construction of the cathedral in that city could only be financed by the proceeds from the rich underground reserves of silver found in the vicinity. Today most of the mines in the Black Forest have been closed down. Some of them are however still open to visitors, providing an excellent opportunity to admire the splendour of the mountains from the inside.

## THE SCHLUCHSEE HYDROELECTRIC POWER SYSTEM

Dangling your feet in the water of secluded Windgfäll pond, you would hardly imagine that you were sitting on the edge of Germany's biggest integrated hydroelectric power system. But this idyllic stretch of water situated on the watershed between the Danube and the Rhine is indeed part of the mighty Schluchsee reservoir complex. Since 1930 water from the pond has been channelled into Lake Schluchsee, which the completion of the 63.5-metre concrete dam near Seebrugg in 1932 made into the biggest lake in the Black Forest, with an overall length of 7.5 kilometres. This is the beginning of a chain of artificial lakes and hydroelectric power stations along the south-eastern escarpment of the Black Forest forming an outsize "stairway" cut into the flanks of Schwarza valley, with the water rushing down from Lake Schuchsee, 930 metres above sea-level, past Häusern and Witznau and on into the High Rhine near Waldshut nearly 2,000 feet below.

But the course taken by the water not only leads it downwards and outwards but often enough takes it back up into the Black Forest again. The reason is that the Schluchsee hydroelectric power system consists of so-called pumped-storage power plants that are flexible enough to even out fluctuations in energy demand at different times of the day or year. In the night and on weekends, they use economical off-peak current to pump the water into a higher reservoir. At peak-demand times – for example when millions of refrigerators are opened at half-time during an international soccer match – the energy stored in the water can then be re-transformed into lucrative peak-time electricity within a matter of minutes. This mysterious metamorphosis – so-called electrical upgrading – is all but invisible to the naked eye, taking place discreetly in underground penstocks and huge steel conduit systems. A much more graphic impression of the elemental power of falling water can be obtained by contemplating the raging torrents thundering down below the weir of the Albbruck-Dogern power station on the Rhine. Here the Rhine functions as a natural lower reservoir for the Waldshut power station and represents the final link in the Schluchsee hydroelectric power system. So the next time you dip your feet in the water of Lake Schluchsee, remember that most of it comes from the Rhine.

## THE WUTACH FLUME

A few miles below the outlet of the main section of the gorge, the course of the Wutach abruptly changes direction. Originally a headstream of the Danube flowing east between Eichberg and Buchberg, the stream now veers off on a different tack at this point because in the last Ice Age its bed was diverted by the large amounts of gravel transported by the water from the higher reaches of the Black Forest. Since then the Wutach has taken a southerly course down to the Rhine and now no longer empties itself into the Black Sea but into the North Sea. The gorge as we know it today is a result of this development. The steep gradient down to the Rhine has caused the Wutach to gouge deeply into the bedrock, which it is still in the process of doing today. In the area below this "new" bend in the stream, the so-called Wutach Flume, the water has cut into the shell limestone and created a deep ravine. This part of the gorge is especially attractive in the early months of the year when countless spring snowdrops turn the mossy rocks and toppled tree-trunks into a fairy-tale forest. It is also the time when botanists have a good chance of coming across the resplendent scarlet elf cap, spurge laurel and – with a little luck – the rare hillside violet. These almost intact woods are guarded by a baleful leonine monster that visitors are very likely to encounter on the upper path through the flume.

# CHAUSSURES DE NEIGE, ESPRITS INVENTIFS ET CALENDRIERS CELTIQUES

## Histoires de Forêt-Noire

Avez-vous déjà vu quelqu'un faire du télémark ? Vous constateriez, étonné sans doute, qu'il ou elle fait tout de travers, tout le contraire de ce que vous a appris votre moniteur de ski lorsque vous avez chaussé vos skis pour la première fois et essayé de descendre sur deux planches une pente enneigée : il faut se tenir droit ; dans les virages on met une jambe en avant, l'autre en arrière et le grand bâton que l'on a en mains sert à freiner et à se diriger. Lorsqu'en Forêt-Noire, vers la fin du 19e siècle, des hommes ont commencé à monter sur des skis, appelés à l'époque « chaussures de neige », le télémark était la méthode utilisée par ces pionniers du ski pour descendre les pentes enneigées du Feldberg ou du Schauinsland.

Inventés en Norvège, les skis sont pratiquement inconnus en Allemagne jusqu'à la fin du 19e siècle. En hiver, on y utilise pour se déplacer sur la neige des traîneaux ou des raquettes que l'on s'attache aux pieds. En 1888, le Dr Tholus, médecin de campagne à Todtnau, découvre dans un journal une annonce qui fait de la réclame pour des « chaussures de neige norvégiennes ». Tholus espère arriver, en hiver, plus vite chez ses patients avec ces planches et en commande une paire. Mais l'enthousiasme du début ne dure pas longtemps : après plusieurs chutes, les skis se retrouvent dans son grenier. Il ne les touchera plus pendant trois ans.

En janvier 1891, Tholus assiste, dans une auberge de Todtnau, à une conversation entre Fritz Breuer, fondé de pouvoir et Carl Thoma, fabricant. Tous deux ont lu le livre de Fridtjof Nansen « En chaussures de neige à travers le Groenland ». A quoi peuvent bien ressembler ces chaussures ? se demandent Breuer et Thomas. Le Dr Tholus se mêle à la conversation et parle des skis abandonnés dans son grenier. Breuer et Thoma brûlent d'envie de les essayer.

Lorsqu'ils les chaussent, le lundi de carnaval, ils récoltent quantité de quolibets. Plaisanterie de carnaval, pense-t-on à Todtnau.

Cependant, un consul français gravit les pentes de l'autre face du Feldberg avec ses chaussures de neige. Les gens du Feldberger Hof admirent l'exploit du consul. Ce pionnier c'est le Dr Pilet. Il a appris à faire du ski en Islande. Au cours de l'une de ses excursions, il tombe sur Breuer et Thoma. Les deux habitants de Todtnau ont enfin trouvé leur moniteur de ski.

Breuer et Thoma fondent cette année là le Club de ski de Todtnau. C'est non seulement le premier club de ski de Forêt-Noire, c'est aussi le premier d'Allemagne. Bien avant que les Alpes ne deviennent le premier domaine de ski d'Europe, les skieurs font partie du paysage de Forêt-Noire.

Forêt-Noire : d'où vient ce nom? Est-il dû aux nombreux conifères qui lui donnent en toute saison cet aspect ténébreux ? Ou aux sombres vallées encaissées au nom sinistre de Hexenloch (trou des sorcières) et Höllental (vallée de l'enfer).

A l'époque romaine, la Forêt-Noire n'était pas aussi noire qu'aujourd'hui. Elle était sans doute une épaisse forêt vierge impénétrable, composée de hêtres et de sapins, mais la plantation actuelle où dominent les épicéas n'existait pas. Les romains qui avaient déjà abattu leurs forêts en Italie devaient lui trouver un air lugubre. Elle était quasiment inhabitée, sauf par les brigands et cela ne la rendait pas très accueillante.

Au début du 19e siècle, la Forêt-Noire n'avait plus rien d'une forêt, ce n'était plus qu'un morne paysage de montagne sans arbre. Conséquence d'un déboisement séculaire. Depuis qu'au Moyen Age, les premiers colons avaient planté des champs et construit des maisons en Forêt-Noire, la hache avait attaqué la forêt sans merci. Les troncs les plus précieux étaient transportés sur les ruisseaux, les toboggans et les rivières jusque dans la vallée où on les assemblait avec des cordages en immenses radeaux qui mesuraient souvent plus de cent mètres. Ils arrivaient au Rhin et descendaient alors le fleuve jusqu'en Hollande. Ces troncs de Forêt-Noire s'appelaient alors « troncs hollandais », très appréciés sur les chantiers navals comme bois de construction.

Mais la plupart des arbres n'étaient pas destinés à devenir des planches ou des mâts sur de fiers vaisseaux des Indes, ils terminaient dans les meules des charbonniers. Le traitement des minerais provenant des mines de la Forêt-Noire, ainsi que les nombreuses verreries, qui s'y étaient installées grâce à la bonne qualité du sable de quartz, exigeaient d'énormes quantités de charbon de bois. C'est ainsi que la profession de charbonnier a été pendant des siècles l'unique source de profit sur les pentes de plus en plus déboisées de cette forêt autrefois si noire.

Au début du 19e siècle, alors que la forêt avait pratiquement disparu, le reboisement systématique a commencé. Il fallait faire vite. Pour cette raison, l'on choisit les épicéas. Cependant le reboisement du 19e siècle n'avait rien à voir avec celui qui commença après la 1ere Guerre mondiale : on avait à nouveau déboisé en partie la Forêt-Noire, cette fois pour payer les réparations de guerre aux Français victorieux. Ce n'est donc que dans les années vingt du 20e siècle que la forêt a pris son aspect actuel.

Des épicéas sombres se balancent au vent, traversés par quelques rayons de soleil qui font des taches de lumière dansant sur le sol ; des pentes abruptes sur lesquelles se lovent de vieilles fermes dont les toits puissants arrivent presque jusqu'au sol, semblables à de gigantesques tortues ; des gens vêtus de drôles d'habits à l'air folklorique. Aucun média n'a donné une image de la Forêt-Noire plus forte que le cinéma des années d'après-guerre : le film en couleur « Das Schwarzwaldmädel » (la jeune fille de la Forêt-Noire) de Hans Deppe est sorti en 1950 et a déclenché dans la jeune République fédérale un énorme engouement pour la Forêt-Noire. Chacun voulait visiter la région de St Peter où se passait l'action. Les producteurs ont pris conscience du potentiel de la région et ont tourné de nouveaux « Heimatfilme » qui se passaient en Forêt-Noire. 1965 est le début de la série télévisée « la Ferme aux truites ». Vingt ans plus tard, c'est la série « la Clinique de la Forêt-Noire » qui remportera le plus grand succès. 550 millions de gens dans 38 pays ont vu la série avec Klausjürgen Wussow dans le rôle du Professeur Brinkmann.

Le développement du tourisme a marqué plus que toute autre activité l'histoire récente de la Forêt-Noire. Au milieu du 19e siècle, les citadins fortunés ont découvert cette moyenne montagne. Pour en faire leur résidence d'été. « Nous allons en villégiature » signifiait souvent que l'on fuyait l'agitation de la grande ville de juin à septembre pour s'installer dans une auberge de montagne. On appelait souvent ces étrangers des « gobeurs d'air ». De drôles de gens : ils se promenaient sans but apparent ou passaient leur temps à des occupations aussi inutiles que la lecture ou le bavardage dans les vérandas. Et pourtant ils tombaient bien pour les habitants de la Forêt-Noire. Car la situation économique de la région déclinait. La plupart des forêts avaient été déboisées et les arbres fraîchement plantés n'étaient pas assez grands pour être abattus. La vie d'un paysan de montagne en Forêt-Noire n'avait jamais été une partie de plaisir : les champs en pente sur les flancs de montagne n'étaient pas faciles à cultiver, les étés trop courts, les hivers trop longs. Les chemins qui menaient aux lointains marchés de la vallée du Rhin étaient trop peu praticables. De nombreux paysans abandonnaient leur ferme et s'en allaient.

Nous n'arrivons guère à nous imaginer aujourd'hui quel renoncement exigeait la vie dans ces fermes de montagne. Une visite du Vogtsbauernhof – musée de plein air le plus ancien du Bade-Wurtemberg – nous en donne peut-être une idée. Mais attention de ne pas se laisser leurrer par les poêles en faïence auprès desquels l'on peut se réfugier, par les « coins du bon dieu » confortables, par les chapeaux à pompons et par la délicieuse odeur du jambon fumé. La plupart du temps, on ne chauffait qu'une pièce, les chaussures étaient un luxe, et les enfants eux-mêmes devaient fournir un dur labeur quotidien. Il ne leur restait guère le temps de jouer.

Lorsque les premiers estivants arrivèrent en Forêt-Noire, de nombreux habitants des fermes flairèrent la chance : il fallait louer, donc installer des chambres et des buvettes. Partout, de nouvelles auberges virent le jour : en 1884 le Feldbergerhof. Les fondateurs, Carl et Fanny Meyer surent tout de suite s'y prendre pour attirer des clients sur cette montagne de presque 1500 m. Et surtout, ils faisaient fabriquer des skis pour leurs hôtes d'hiver. Le Feldbergerhof grandit et prospéra. On l'agrandissait sans cesse, et un jour la vieille auberge dut céder la place à une construction moderne et rationnelle. Quand on arrive aujourd'hui au Feldberg, on se retrouve devant un imposant château aux mille lits. Il ne reste rien du charme romantique de l'ancienne auberge de montagne. C'est la construction du chemin de fer qui permit le développement touristique de la Forêt-Noire : en 1873, on ouvrit la ligne badoise de la Forêt-Noire, qui mène d'Offenburg à Singen. Elle passe aujourd'hui encore pour l'une des lignes les plus spectaculaires d'Europe. Entre Hornberg et St Georgen, le train franchit un dénivelé de 448 m et traverse 39 tunnels. C'est une preuve du génie des ingénieurs et un témoignage de la fierté et de l'opiniâtreté badoises. Car il aurait été beaucoup plus simple de faire passer en partie la ligne sur le territoire du Wurtemberg. Mais c'était hors de question. Les concepteurs n'avaient donc pas d'autre choix : la voie devait franchir les rochers du pays de Bade, il fallut édifier des galeries et des terrassements, creuser des tunnels et construire un viaduc. La construction de la ligne du Höllental représentait, elle aussi, une entreprise audacieuse : entre Fribourg et Hinterzarten, il fallait vaincre 625 m de dénivelé. La partie la plus en pente se situe entre Himmelreich et Hinterzarten. La voie franchit le pont de Ravenne dont la sortie se trouve 12 m plus haut que l'entrée. Mais le jeu en valait la chandelle. Le chemin de fer a apporté la vie dans l'arrière pays à l'économie si faible, et amené beaucoup plus de touristes dans les monts de Forêt-Noire. Dès lors, on a associé les noms de Höllental, Hinterzarten et Titisee à repos, air pur et auberges renommées.

Bien avant que les estivants n'animent les rues et les auberges, une autre source de revenus, qui a fait la renommée de la Forêt-Noire, s'était développée : l'horlogerie. Pour surmonter les longs hivers et s'assurer un revenu complémentaire, les premiers paysans commencèrent à la fin du 17e siècle à fabriquer des pendules. Des colporteurs, qui transportaient du verre de la Forêt-Noire en Italie, avaient sans doute ramené des pendules qu'ils avaient montrées aux paysans. Comme ces derniers n'avaient pas d'argent pour acheter du métal très cher, ils utilisèrent ce qui était à leur disposition : le bois. Boîtiers, axes, roues dentées et aiguilles – tout était taillé dans des troncs d'arbres locaux. De nombreux fils de paysans qui n'héritaient pas de la ferme familiale firent leur métier de cette activité secondaire. Plus d'un se spécialisa dans les divers éléments qui entraient dans la fabrication des pendules, il y avait par exemple des peintres qui décoraient quelque fois les fronts et les cadrans des pendules. Des colporteurs transportaient les pendules terminées dans tous les pays d'Europe où ils les vendaient. Des pendules de Forêt-Noire arrivèrent jusqu'en Russie ; elles trouvèrent même preneurs en Asie Mineure.

Il y avait une demande importante de pendules en ces temps qui exigeaient de plus en plus de rapidité. Il y avait donc toujours plus de gens pour exercer ce métier. En 1850, Gütenbach, village de 833 habitants seulement, comptait 96 fabricants de pendules, 10 producteurs de boîtiers, 16 peintres de cadrans et 61 vendeurs.

Les petites entreprises familiales se transformèrent au 19e siècle en usines plus importantes. En 1850, on a crée à Furtwangen la première école d'Horlogerie en Allemagne.

Pour la plupart des gens, c'est le coucou qui est la pendule typique de la Forêt-Noire. Mais c'est un peu exagéré. Les coucous étaient une curiosité dont la production restait parallèle à l'horlogerie classique. On ne sait pas quand le coucou de bois a chanté l'heure pour la première fois sur une pendule. L'inventeur en était peu-être Franz Ketterer qui habitait à Schonwald aux alentours de 1740. Josef Dold a construit en 1981 le plus grand coucou de tous les temps. Il décore, au bout du village de Schonach, la façade entière d'une maison : le cadran a un diamètre de 1,65 mètre. Le mécanisme en bois mérite aussi d'être vu de l'intérieur : les roues dentées ont jusqu'à 1,85 de hauteur.

La Forêt-Noire, région de bricoleurs, de mécaniciens de précision et d'esprits inventifs. Avez-vous joué autrefois avec un train électrique ? Alors, vous vous souvenez sans doute des jolies petites maisons que l'on doit d'abord assembler et coller avant de les mettre à côté des rails : les maisons Faller. Encore une histoire de Forêt-Noire qui a connu le succès : peu après la seconde guerre mondiale, deux fils de paysan Edwin et Hermann Faller de Gütenbach se demandent comment démarrer dans la vie. Hermann Faller a l'idée de génie. Il se rappelle une petite ferme en miniature qu'il a un jour construite pour sa fille Ursula. Est-ce la solution ? Fabriquer des jouets pour enfants, des jeux de construction en bois pour faire des maisons ou des assemblages ? Les locaux de la ferme familiale se transforment bientôt en lieu de production pour jouets.

Au début des années 50, les frères Faller ont trouvé le créneau qui allait fonder la réputation de leur maison : l'équipement pour trains électriques, arbres, aiguillages, gares, moulins à vent ou à eau. Tout était fabriqué avec des matériaux naturels. Ils trouvent la plupart du temps les modèles pour leurs maisonnettes dans les différentes régions de Forêt-Noire. Et pourtant l'un de leur modèle vient de plus loin, de Suisse, pour être précis du Tessin. Le succès venu, les Faller voyagent. Au début des années 60, Hermann Faller remarque, au cours d'un voyage sur le Lac majeur, une villa, petite mais élégante, construite dans le style moderne de l'époque. Hermann Faller en tombe amoureux et pense : « j'aimerais vivre un jour comme ça ». Comme il n'en a pas les moyens, il fait reproduire la maison en modèle réduit. Elle deviendra un article très demandé. Deux ans plus tard, l'argent est enfin là. Hermann Faller peut se faire construire une nouvelle maison, une villa. La reproduction de la villa originale se dresse sur la montagne de Gütenbach. Si les arbres devant la villa n'avaient pas poussé, on pourrait voir du balcon, comme autrefois, Hermann Faller s'activer sur le terrain de son entreprise ou regarder la vallée de Simonswald et la lointaine plaine du Rhin.

Esprits inventifs, non sur une petite échelle, mais sur une échelle presque cosmique, c'est ce qu'étaient les Celtes qui vivaient il y a 3000 ans, pas en Forêt-Noire mais dans la vallée du Rhin toute proche. Ils vénéraient une montagne de Forêt-Noire et la considéraient comme un sanctuaire : le Belchen, 1114 m d'altitude, tout près de la vallée de Münster. Si vous connaissez le Jura suisse vous aurez déjà remarqué qu'il y a là-bas aussi un Belchen. Et si vous êtes amateur de gastronomie alsacienne, vous avez déjà vu au moins l'un des trois Ballons : le Ballon d'Alsace, le Petit Ballon ou le Grand Ballon. Leur nom, comme celui des deux autres, a la même origine. Il remonte au dieu celte du soleil Belenus (ou Belacus). Il y a quelques années, un professeur retraité et un assistant en sciences ont fait une découverte saisissante : ces cinq montagnes forment un gigantesque observatoire grâce auquel on peut constater le début des saisons du calendrier. Le 21 mars et le 23 septembre, jours de l'équinoxe, on voit du sommet du Ballon d'Alsace, à 1247 m d'altitude, en direction de l'est, le soleil se lever au-dessus du Belchen de Forêt-Noire. Ce spectacle grandiose se répète le 22 décembre sur le Belchen suisse et le 21 juin sur le Petit Ballon. Lorsque le soleil monte le 1er mai au-dessus du sommet du Grand ballon, il indique le début d'une ancienne fête celtique. Dommage que l'on n'ait pas encore fait de découvertes archéologiques sur le Ballon d'Alsace ou l'une des quatre autres montagnes. Mais celui qui observe, au petit matin, le lever du soleil du haut du Belchen ne pourra guère échapper à la magie du lieu et comprendra pourquoi le poète de Forêt-Noire Johann Peter Hebel a qualifié le Belchen de « première station de la terre au ciel »

Belchen, Feldberg, Schauinsland, Kandel, Blauen. On trouve beaucoup de montagnes majestueuses en Forêt-Noire. Et aussi des gorges et des chutes d'eau fascinantes. Peut-être avez-vous déjà vu les chutes d'eau de Triberg et avez contemplé rêveusement les nombreuses cascades qui précipitent leur eau vers la vallée. Pourtant, la Gorge de la Wutach, près de Bonndorf, est plus impressionnante car plus sauvage et moins touristique. Si vous appréciez les falaises abruptes, les rapides et les ruines de châteaux forts entourées de légendes, si vous aimez prendre votre temps pour découvrir plantes et animaux rares, vous devriez parcourir quelques-uns des 30 km de cette gorge.

La gorge de la Wutach est unique dans le Bade-Wurtemberg. La rivière creuse encore son lit dans la roche, fait des courbes étroites dans des rochers de calcaire coquillier et déclenche régulièrement des glissements de terrain. C'est un paysage toujours en mouvement. Quand on a vu la Wutach en crue, on sait pourquoi elle porte ce nom (Wut : fureur). En amont, la rivière qui prend sa source sur le Feldberg, semble inoffensive et peu profonde ; elle se nomme encore Gutach. Ce n'est qu'après le confluent de la Haslach que ses eaux deviennent furieuses et déchaînées. Sur son parcours, la rivière creuse toutes les couches géologiques du sud-ouest de la Forêt-Noire : gneiss et granits, grès bigarré, calcaire coquillier, formations de Keuper, lias et dogger des couches jurassiques. C'est un vrai livre de géologie. Mais cette gorge en forme de canyon est aussi le paradis des espèces rares d'animaux. Des chauves-souris nichent dans les grottes des falaises ; après la pluie, on voit sur le sol humide des salamandres et avec beaucoup de chance, on peut découvrir un martin-pêcheur sur un rocher. Dans la vallée de la Wutach, on rencontre de temps à autre des traces de colonisations anciennes. Les petites ruines de châteaux forts ou les restes de vieux moulins à eau ne sont pas les seules à nous rappeler que des hommes ont vécu ici autrefois, il reste aussi les fondations des thermes de Bad Boll, station de cure célèbre en son temps. Mentionné pour la première fois en 1609, l'établissement thermal fut transformé en 1900 par le Fishing Club anglais en hôtel pompeux et devint une adresse de premier choix pour les amateurs de truites. L'hôtel affichait plus de 12000 nuitées par an. Pourtant, il périclita au début des années 70. En 1975, un incendie détruisit une partie des installations qui furent démolies les années suivantes. Aujourd'hui, seuls la chapelle en ruines et les quelques arbres d'une allée envahie par la végétation nous rappellent l'établissement thermal jadis si raffiné des bords de la Wutach.

Les protecteurs de la nature voient plutôt le côté positif du retrait des hommes de la gorge de la Wutach. Car la nature peut ainsi se régénérer et servir de refuge aux espèces menacées de plantes et d'animaux. Mais on n'a pas l'intention non plus d'en tenir l'homme complètement à l'écart. Tourisme et protection de la nature doivent cohabiter. Opinion que partage aussi Stefan Büchner du Centre de protection de la nature au Feldberg : « comment faire se passionner les hommes pour la nature si nous les excluons ? »

Les panneaux d'interdiction provoquent plutôt l'irritation que la vigilance. C'est pourquoi certains chemins traversent des zones sensibles pour l'écologie. Qui veut s'informer plus précisément peut participer à une visite organisée par le centre de protection de la nature. La Maison de la nature a été ouverte en 2001 ; elle vous apprendra beaucoup de choses sur l'espace vital Forêt-Noire et sur l'influence de l'homme sur la nature dans ce massif de moyenne montagne au cours des derniers millénaires ; sans lui, elle aurait un aspect très différent.

Cependant, depuis ce terrible jour de décembre 1999, la nature est de nouveau complètement livrée à elle-même sur certaines pentes de Forêt-Noire : pendant les fêtes de Noël, l'ouragan Lothaire a soufflé sur la Forêt-Noire et dévasté 10000 hectares de conifères. Ce qui était une catastrophe financière pour les propriétaires de forêts a été une grande chance pour la nature en Forêt-Noire. Environ sur les deux tiers des surfaces dénudées, la forêt mixte peut repousser. Sur le Schliffkopf et au Ruhestein, le long de la route des crêtes, on a abandonné sur le sol les épicéas renversés et on a laissé la forêt livrée à elle-même. Sait-on jamais ? une forêt vierge y repoussera peut-être un jour et ressemblera à celle que les premiers habitants nommaient respectueusement « Forêt-Noire ».

Christopher Paul

## SUR LES TRACES DE LOTHAIRE

Lorsque dans la matinée du 26 décembre 1999 l'anémomètre de la station météo du Feldberg a rendu l'âme sous une bourrasque, la dernière mesure de vitesse du vent enregistrée ( 212 km/h ) était déjà un record en soi. L'ouragan « Lothaire », qui en était la cause, ne devait atteindre son apogée que plus tard et transformer profondément la physionomie de la Forêt-Noire. En l'espace de quelques heures, il y eut plus du double d'arbres cassés ou renversés que d'arbres abattus en une année entière – surtout dans le Bade-Wurtemberg, Land le plus touché d'Allemagne. L'étendue des dégâts n'est nulle part aussi flagrante que dans le nord de la Forêt-Noire, le long de la route des Crêtes. A peu près à mi-parcours, entre le Mummelsee et le col du Ruhestein, le sommet du Altsteigerskopf, presque complètement rasé, offre un spectacle désolant.

A quelques km de là, au sud du Schliffkopf, on a aménagé, dans la brèche creusée par la tempête et que volontairement l'on n'a pas reboisée depuis, un sentier didactique de 800 mètres de long, le sentier de Lothaire. Il est vite devenu une attraction. Depuis lors, ce sont environ 50 000 visiteurs par an qui se risquent sur des passerelles, des échelles et des ponts dans un inextricable fouillis d'arbres tombés les uns sur les autres et de racines : on avance au milieu, au-dessus ou au-dessous de ce chaos végétal. Mais ce n'est pas que la puissance dévastatrice de l'ouragan qui est mise en évidence de façon drastique et fascinante à la fois : c'est le redémarrage de la végétation sans intervention humaine que l'on peut observer ici, comme dans un laboratoire à ciel ouvert. Les randonneurs savent depuis longtemps que Lothaire n'a pas fait que défigurer la Forêt-Noire, eux qui se réjouissent des nouveaux points de vue sur la vallée du Rhin.

## LE CHARBONNIER

Jadis, les charbonniers avaient presque réussi à déboiser la Forêt-Noire. Tout ce que les bateliers n'avaient pas emporté, ils le transformaient dans leurs meules en matière première importante pour l'industrie de Forêt-Noire. Le charbon de bois était utilisé pour la transformation des minerais extraits des mines de la région ; les souffleurs de verre en consommaient eux aussi car ils avaient grand besoin de combustibles de qualité. On utilisait essentiellement des bois durs tel le hêtre, car ils produisent un meilleur charbon. La production du charbon de bois a contribué à la prédominance actuelle de l'épicéa en Forêt-Noire alors qu'elle était autrefois composée d'essences mixtes. On trouvait partout des meules de charbonniers, une série de noms de lieux en atteste. Si vous trouvez en pleine forêt un endroit particulièrement aplani et si vous commencez à fouiller le sol, vous découvrirez peut-être un vieux bout de charbon. L'exploitation de la houille a eu vite fait de faire disparaître le charbon de bois en Forêt-Noire.

Siegfried Riesterer est l'un des rares à connaître encore cet ancien métier, à connaître l'art de disposer et de recouvrir une grande quantité de bûches de façon à ce que, pendant la carbonisation, l'arrivée d'air et la régulation de la température soient optimales. Plusieurs fois par an, ce natif de la vallée de Münster, aidé par sa famille, construit une meule dans un coin isolé de la vallée. Une fois allumée, la meule a besoin de soins et de surveillance constants. Le charbonnier doit surveiller son ouvrage même la nuit pour éviter l'incendie. Pour préserver sa meule de la pluie, Riesterer a construit un toit qui laisse s'échapper la chaleur et la fumée.

Aujourd'hui, l'exploitation du charbon de bois ne peut être rien d'autre qu'une activité secondaire pratiquée avec passion. Il est permis de se demander si dans quelques années, quand Riesterer aura déposé brouette et arrosoirs dans son hangar, quelqu'un poursuivra cette tradition familiale peu ordinaire et si la vallée de Münster conservera son charbonnier.

## ROCHERS

Parois abruptes, têtes de rochers exposées au soleil sur lesquelles des plantes adaptées défient chaleur et sécheresse, blocs aux formes bizarres en pleine forêt, couverts de mousse et entourés d'eau – les rochers sont omniprésents en Forêt-Noire. Ils sont cependant plus que simple élément du paysage : ils nous renseignent sur la formation de ce paysage.

Si vous regardez, sur la rive inférieure du Feldsee, le gigantesque bloc de rocher qui s'est évidemment détaché de la paroi d'en face, vous vous demanderez quelles forces ont bien pu transporter ce poids énorme jusque là. Ce transport a été effectué par un glacier auquel le Feldsee, lac morainique, doit sa formation. La position du bloc erratique de Schönau, situé à 170 m du talweg de la vallée de la Wiese et pesant plus de 180 tonnes, nous montre l'épaisseur de ces masses de glace dans le sud de la Forêt-Noire. Les rochers nous indiquent même à plus petite échelle que la Forêt-Noire a subi une transformation glaciaire : les géologues identifient des éraflures peu apparentes que le gravier transporté par la glace a gravées dans la roche.

Les formes et les couleurs des rochers nous renseignent sur la géologie du sous-sol. En Forêt-Noire du sud, il est essentiellement formé de gneiss et de granits de la montagne primitive qui pendant le soulèvement de la Forêt-Noire au cours de millions d'années s'est trouvée complètement libérée des sédiments de la couche supérieure par un procédé d'érosion. Au nord, une couche de grès bigarré est restée, on la retrouve sur le versant est à pente plus douce. On trouve çà et là d'autres formes de roches tel le couloir de porphyre du « château des voleurs » (Räuberschlössle) dans la gorge de la Wutach ou, près de Baden-Baden, le massif Battert, composé de sédiments très anciens, où l'on fait de l'escalade par beau temps.

## CARNAVAL ALÉMANIQUE

En février ou bien début mars, 40 jours avant le dimanche de Pâques, l'état d'exception règne pour une semaine dans de nombreuses communes de Forêt-Noire. Des êtres singuliers et terrifiants envahissent les rues : sorcières, diables, fous, tous vêtus d'habits les plus étranges. C'est carnaval et pour quelques jours, vie privée et vie publique sont sens dessus dessous. Même si ce défoulement sauvage n'est pas du goût de tout le monde, on ne peut guère lui échapper. Aujourd'hui encore, ces quelques jours représentent, et pas seulement pour quelques-uns uns, le plus beau moment de l'année. On a confectionné pendant des mois le costume (Häs) ou le masque, fait des répétitions pour le défilé. On se précipite maintenant dans la foule ; l'employé de la caisse d'épargne oublie le quotidien et se déchaîne de jour comme de nuit dans les rues pour voir finalement brûler Carnaval, le mardi gras à minuit, et le pleurer comme il se doit avec le peu de voix qui lui reste.

Les versions sont aussi variées que les masques. C'est pourquoi il est difficile de se mettre d'accord pour savoir qui fête le vrai carnaval. A l'opposé des villes aux manifestations folkloriques, et de celles plutôt orientées vers le carnaval rhénan, se situent les communes à tradition séculaire pour lesquelles est surtout valable ce que nous avons dit plus haut. A Elzach par exemple, pendant ces journées des fous, le diable se déchaîne littéralement ; les « Schuttigs » sont les plus excités du carnaval alémanique ; alors que les « avaleurs de prunes » de Bonndorf sont plutôt débonnaires. Les particuliers aussi ont des façons très différentes de passer ces journées-là : quelques-uns uns en profitent pour se saouler sans contrainte, les autres perpétuent les rites avec un sacro-saint sérieux, certains restent sur le trottoir à regarder, et d'autres partent quelques jours en vacances …

## HIVER SUR LE FELDBERG

Au printemps, le Feldberg nous prouve bien qu'il n'est pas une montagne comme les autres en Forêt-Noire. Sa couverture neigeuse brille de loin, alors que sur les hauteurs de St Peter, les cerisiers commencent déjà à fleurir. Même si le massif du Feldberg ne se détache pas spectaculairement des sommets environnants dans ce paysage de montagne, il se dresse, à presque 1500 mètres, à une altitude avec laquelle seuls le Herzogenhorn et le Belchen pourraient rivaliser. Les basses températures et les fortes précipitations entraînent un hiver particulièrement dur et long. Les énormes masses de neige s'accumulent surtout sur la face nord-est où le vent mordant qui se déchaîne sur le sommet les transforme en immenses congères. De temps à autre, une avalanche se déclenche et descend par les couloirs du Osterrain et du Seebuck. Il y a des restes de neige jusqu'en juin, parfois même jusqu'en août. Cette situation particulière du Feldberg, « île subalpine », a été décrite mainte fois ; elle lui confère une flore particulière que l'on ne trouve en Allemagne que dans les Alpes, mais aussi une réputation ambiguë de « paradis » pour le ski.

En fait, ce n'est qu'ici, que les amateurs de sports d'hiver de la région peuvent être sûrs de trouver de la neige pour leurs skis. Une avalanche de tôle remonte la Forêt-Noire, et au dessus du Feldbergerhof, la couverture neigeuse, produite parfois par des canons à neige, et la végétation qu'elle recouvre sont ainsi soumises à un intense test de charge. Il est n'est donc pas toujours facile de trouver un dénominateur commun pour les intérêts légitimes de la protection de la nature, du sport et du développement économique des communes.

Mais si, partant de la station du télésiège, vous vous dirigez vers le véritable sommet du Feldberg, vous laisserez bientôt l'agitation derrière vous. Chaussé de raquettes, on peut par exemple explorer des endroits inaccessibles en été à cause des dégâts provoqués par la marche, tels le « cimetière des sapins ». Si l'on arrive à se lever assez tôt pour partir à l'aube du Rinken et monter jusqu'au Mittelbuck, on pourra apprécier le Feldberg dans toute sa beauté et sa sérénité.

## MÉTIERS ET ARTISANAT D'AUTREFOIS

Le bois et l'eau sont des ressources abondantes en Forêt-Noire. L'eau a été utilisée tôt pour faire marcher moulins et scieries qui faisaient souvent partie des fermes. Elle était aussi moyen de transport. C'est surtout dans le nord de la Forêt-Noire, que l'on a assemblé des radeaux de plus de 100 mètres de long avec de grandes quantités de troncs ; ils descendaient par la Murg, la Nagold, l'Enz, le Neckar, la Wolfach et la Kinzig vers le Rhin jusqu'à la mer du Nord. Dans le sud, où le flottage du bois était bien moins répandu et n'avait qu'une importance régionale, le bois, ou plutôt le charbon de bois trouvait une autre utilisation : il se retrouvait dans les fours des verriers qui ne produisaient au départ que du verre commun pour les monastères, mais peu à peu, ils affinèrent leur art et fabriquèrent des articles très demandés à l'exportation et que les porteurs de verre vendaient au loin.

Un autre succès à l'exportation est aussi lié à l'image de la Forêt-Noire : les pendules. Au commencement, elles étaient pourvues de roues dentées en bois et de cadrans tout simples ; plus tard, les pendules de Forêt-Noire ont été équipées de mécanismes en acier et de cadrans richement peints, des porteurs les transportaient dans toutes les régions d'Europe. De nombreux fils de paysans qui ne pouvaient prétendre à hériter de la ferme familiale ont trouvé du travail dans l'industrie horlogère.

Enfin, il faut aussi mentionner l'exploitation minière qui permettait d'extraire surtout de l'argent, du plomb et du minerai fer, ce que nous rappellent de nombreux noms de lieux. Ce n'est pas par hasard que le Schauinsland près de Fribourg s'appelait autrefois « boîte à minerai ». La construction de la cathédrale elle-même ne put être financée que grâce aux gisement d'argent de la région. Un vitrail de la cathédrale de Fribourg en atteste. La plupart des nombreuses mines de Forêt-Noire ont été fermées entre temps. Quelques-uns unes sont cependant ouvertes à la visite et nous donnent ainsi la possibilité d'admirer la montagne de l'intérieur.

## BARRAGE DU SCHLUCHSEE

Quand on laisse tremper ses pieds dans l'eau paisible de l'étang du Windgfäll, il ne viendrait pas à l'idée que l'on se trouve au bord du plus grand regroupement de production d'énergie hydroélectrique d'Allemagne. En fait, l'étang situé sur la ligne de partage des eaux entre Danube et Rhin, fait partie de l'ouvrage du Schluchsee. Depuis 1930, l'eau de l'étang est acheminée vers le Schluchsee par un petit canal ; après la construction, près de Seebrugg, du mur d'une hauteur de 63,5 mètres, ce barrage est devenu le plus grand lac de Forêt-Noire avec une longueur de 7,5 kilomètres. Ici commence une série de lacs de barrage et d'usines hydroélectriques, le long de la pente sud-est de la Forêt-Noire, ils forment une sorte d'échelle surdimensionnée dans la vallée de la Schwarza. Depuis le Schluchsee (930 mètres d'altitude), l'eau descend vers le Rhin supérieur situé près de 600 mètres plus bas à Waldshut, après avoir franchi les marches de Häusern et de Witznau.

Cependant l'eau ne se dirige pas toujours vers le bas, quelque fois elle remonte vers la Forêt-Noire. L'ouvrage du Schluchsee est en effet composé de stations de transfert d'énergie par pompage capables, grâce à leur grande flexibilité, de compenser les variations quotidiennes ou saisonnières de la consommation d'énergie électrique. Pendant la nuit et le week-end, elles pompent l'eau à un tarif bas et le transfèrent dans un réservoir situé plus haut : le bassin supérieur. L'énergie emmagasinée par l'eau pourra ainsi être libérée en quelques minutes et retransformée aux heures de pointe en courant lucratif – quand par exemple, pendant la mi-temps d'un match, des millions de portes de réfrigérateurs s'ouvrent en même temps. Le profane ne voit rien de cette merveilleuse métamorphose, la valorisation du courant, elle a lieu discrètement dans des galeries souterraines et d'énormes conduites forcées en acier. C'est seulement du haut du barrage de Albbruck-Dogern, quand on regarde l'écume mugissante, que l'on ressent la force primitive de l'eau qui tombe. Le Rhin sert ici de bassin inférieur naturel pour le usine hydroélectrique de Waldshut, c'est le dernier maillon de la chaîne pour l'ouvrage du Schluchsee. La prochaine fois que vous laisserez tremper vos pieds dans l'eau de ce lac rappelez-vous qu'il s'agit en partie de l'eau du Rhin.

## LES GORGES DE LA WUTACH

A quelques kilomètres en aval de la sortie de la gorge principale, la Wutach forme un coude brusque. Autrefois affluent du Danube, la rivière coulait en direction de l'est entre Eichberg et Buchberg ; mais elle a elle-même comblé son lit avec les cailloux qu'elle transportait depuis la haute Forêt-Noire si bien que l'eau s'est détournée vers le sud, jusqu'au Rhin. Depuis lors, elle ne se jette plus dans la Mer Noire, mais dans la Mer du Nord.

Ce phénomène, qui s'est produit au cours de la dernière période glaciaire, a permis la formation de la gorge actuelle. Conditionnée par la forte pente vers le Rhin, la Wutach a creusé la roche, ce processus n'est pas encore terminé. En aval du coude, elle a creusé le calcaire à coquilles et laissé derrière elle ces hautes parois rocheuses appelées « Wutachflühen ». Cette partie des gorges est particulièrement belle au début du printemps quand de nombreuses nivéoles transforment les rochers moussus et les troncs d'arbres renversés en forêt enchantée. En cette saison, on trouve aussi la pézize coccinée d'un vermillon éclatant, le bois joli et avec un peu de chance, car elle est assez rare, la violette des collines. Un monstre à l'allure de lion veille sur cette forêt quasiment inviolée, il arrive qu'on le rencontre sur le chemin supérieur de la gorge.

Andreas Färber und Stefan Krauss, Jahrgang 1966 und 1967, sind seit den Tagen eines gemeinsamen Philosophiestudiums auf gemeinsamen und getrennten Wegen im Schwarzwald unterwegs. Wohnhaft in Emmendingen und Hinterzarten, gestalten sie unter dem Firmennamen *post scriptum* seit vielen Jahren Bücher – hier erstmals mit eigenen Fotografien.

DRW-Verlag
Leinfelden-Echterdingen
www.drw-verlag.de



Konzeption: Steffen Harms

Layout und Repro: post scriptum,
www.post-scriptum.biz

Fotografien:
Andreas Färber und Stefan Krauss

Texte: Andreas Färber und Stefan Krauss
Einleitung: Christopher Paul

Übersetzung englisch:
Andrew Jenkins, Heidelberg
Übersetzung französisch:
Christiane Ebeling, Wissembourg

Druck: Bosch-Druck, Landshut



ISBN 978-3-87181-059-6